JN235160

日々の英語授業にひと工夫

阿野 幸一・太田 洋 著
Ano Kouichi　Ota Hiroshi

大修館書店

はじめに

　2007年12月初め，雑誌『英語教育』の翌年度の新連載について大修館書店の編集部の方々と打ち合せをしていました。そこでの当初の企画は，日本全国で優れた実践をしている英語の先生方の授業を紙面で紹介し，その授業を分析して解説を加えるというもの。これは非常に魅力的な企画であり，指導方法に悩んでいる先生方にとっては，目標となる授業を提示できるという点で価値があります。しかし，日々の授業に追われ，大きな授業改善に踏み出すことが難しい状況にある多くの先生方にとって一番必要とされているのは何かを考え，現在の授業を一歩一歩前進させていくための指導のヒントではないかという提案をさせていただきました。これが本書のもととなる，2008年4月から2011年3月まで3年間続いた「アノ先生ヒロ先生の日々の授業にひと工夫」の連載のきっかけです。

　毎日の授業を進めていく中で，同じ教材，そして同じ教授法であっても，ちょっとした指導の工夫で授業の雰囲気が変わり，生徒が前向きに英語の学習に取り組むようになることがあります。机間巡視をしながら，生徒とのインタラクションの方法にひと工夫をする。音読練習で，短時間であっても全員の生徒に発表の機会を与え，家庭学習での音読の動機づけをする。日本語訳をするならば，それをその後の活動に使ってみる。このように，その日の授業から取り入れられる工夫はいくつでもあるのです。私たち2人も，中学と高校で教鞭をとってきた約20年の間，多様な生徒を前に授業が成立しないで悩み，毎日試行錯誤の連続で悩みながら英語の指導を続けてきました。そんな時に先輩の先生方からアドバイスをいただき，また，自分なりに考えた方法で少しずつ授業に変化をつけた結果，うまく機能したひと工夫

がたくさんあります。また，教員研修を担当するようになってからは，たくさんの先生方の授業を参観させていただき，指導方法についていろいろと情報交換を行う機会に恵まれ，素晴らしい指導の工夫を教えていただくことがあります。さらに，教職課程の学生の模擬授業から，生徒を変える可能性があるアイディアを発見することもあります。こうした「日々の授業に役立つひと工夫」を，一人でも多くの先生方と共有するために，『英語教育』の連載が終了するまでの3年間，毎月2人で「一歩前進するための授業改善」について様々な議論を重ねてきました。

　研修会等でお会いする先生方から「毎月楽しみに読んでいますよ」「授業でひと工夫を取り入れたら，生徒の取り組みが変わってきました」などといううれしい声を聞くようになりました。そして「ぜひ連載を一冊の本にまとめて，これからの授業で活用できるようにしてもらいたい」という声もいただくようになりました。そこで，生徒のために日々授業改善に取り組む先生方が使いやすいように項目別に配列し，学習指導要領の改訂に伴う記述などを適切な表現に変えるなど加筆修正を加え，さらにより具体的な指導にも触れられるように多くのコラムを新たに書き加えて本書にまとめました。また，大学の英語教職課程で，教員になったときに困らない実践的な指導力を身につけるためのテキストにもなるように，授業作りと指導技術の全体をカバーできるようにしてあります。

　本書はすべてがアノ先生ヒロ先生の2人の対話で進んでいます。これまでの実践例，試行錯誤の歴史，失敗例（時々ちょっとしたおやじギャグ？）を語り合いました。ぜひこの対話に，読者の先生方や学生の皆さんも加わるつもりで読んでいただきたいと思います。「なるほどやってみよう」，「これはこう変えるとさらにいいなあ」など私たちに語りかけてください。みんなでアイディアを出し合い，話し合いを重ねることによって，一緒に小さな一歩を踏み出し，よりよい英語授業を作っていきたいというのが私たち2人の願いです。

私たちはこの対話を通して様々なことを考え，お互いから学びました。2人の目指す山の頂上は一緒ですが，登山道が時々違います。だからこそ，「なるほど，そういうやり方もあるか」と学びが広がりました。読者の皆さんにとって私たちの対話が広がりのきっかけになれば幸いです。

　最後にアノヒロのトレードマークとも言えるハンサムなイラストを描いていただいた相模原市立由野台中学校の谷口友隆先生，そして『英語教育』での3年間の連載を支えていただき，また本書の企画から出版まで大変お世話になった大修館書店の北村和香子さんに心からお礼を申し上げます。

2011年10月

　　　　　　　　　　　　　　　　　　　　　　　　　阿野幸一

　　　　　　　　　　　　　　　　　　　　　　　　　太田　洋

日々の英語授業にひと工夫　目次

第1部：授業プランと展開

1. 年間計画の立て方：注意点と手順　……4
　　　　　　　〈コラム〉①授業で大切にしていること(1) / 10
2. 指導案：どう書くか？　書いたらどうするか？　……11
3. 授業開き：何をするか？　気をつけること　……18
　　　　　　　〈コラム〉②授業で大切にしていること(2) / 24
4. 授業の最初の5分：4つの目的とその方法　……25
　　　　　　　〈コラム〉③授業の始めに声を出させたい(1) / 31
5. 授業の最後の5分：まとめ・振り返り・次につなげる　……32
　　　　　　　〈コラム〉④授業の始めに声を出させたい(2) / 38
6. イベントの実施：授業を活性化させるために　……39
　　　　　　　〈コラム〉⑤ちょっと困った時にひと工夫 / 45
7. 受験指導：本当の受験指導とは？　……46
　　　　　　　〈コラム〉⑥入試のライティング(30～40語)対策にひと工夫 / 52

第2部：各技能の指導方法

8. リスニング：ただ聞かせるだけじゃもったいない！　……54
9. スピーキング：教科書を使い，できるところから　……61
　　　　　　　〈コラム〉⑦私が影響を受けた(すごい)授業・先生(1) / 67
10. リーディング：和訳以外でできること　……68
　　　　　　　〈コラム〉⑧意味の塊がわからなくなっている生徒へはどうする？ / 74
11. ライティング：書きたい気持ちを起こさせる指導　……75
　　　　　　　〈コラム〉⑨自由作文の採点基準 / 81
12. 統合的活動のすすめ：1粒で2, 3度おいしい活動をしましょう！　……82
　　　　　　　〈コラム〉⑩インターネットの機能(掲示板)を活用 / 88
13. 発音指導：音声へのあこがれを大切にして　……89

14. 音読指導：頭の中に英語を残すために ……96
　　　　　　〈コラム〉⑪（阿野失敗談）音読で最後まで1人が残り… / 102
15. 文法指導にひと工夫：1度目の田中さん，2度目3度目の田中さん ……103
　　　　　　〈コラム〉⑫文型から文構造へ / 109
16. ドリルの仕方：練習のための練習 There is an elephant on the desk.
　　　　　　……110
　　　　　　〈コラム〉⑬歌の使い方(1)文法に合わせて / 116
17. スピーチ指導：受験に役立つ文法や語彙を習得するチャンス ……117
　　　　　　〈コラム〉⑭もう一文書かせる（話させる）指導 / 123

【付録1】 日々の授業のための教案を書く留意点 / 124

第3部：指導技術

18. 机間指導：ただ回っているだけではもったいない！ ……126
　　　　　　〈コラム〉⑮指名の仕方――偏りをなくすために / 132
19. ペア・ワーク，グループ・ワーク：組み方・フォローアップ・活動時間
　　　　　　……133
　　　　　　〈コラム〉⑯私が影響を受けた（すごい）授業・先生(2) / 139
20. 板書とハンドアウト：残す・つなげる ……140
21. 英語で進める授業：使うきっかけを与える ……147
　　　　　　〈コラム〉⑰ Father Mother Asakusa Go / 153
22. 日本語訳の使い方：訳が役立つ場合・マイナスに働く場合 ……154
　　　　　　〈コラム〉⑱教科書研究（中学校） / 160
23. 少人数指導：モニターして指導に活かす ……161
　　　　　　〈コラム〉⑲教科書研究（高等学校） / 167
24. ALTとのティーム・ティーチング：選手(ALT)を活かす監督(JTE)に
　　　　　　……168
　　　　　　〈コラム〉⑳歌の使い方(2) 活動中のBGM／タイマー代わりに / 174
25. パソコン・CALLの活用：したい活動があるから機能を活かす ……175
　　　　　　〈コラム〉㉑歌の使い方(3) 日本のポップスのカバー / 181
26. 身近な道具の活用：サイコロからICレコーダーまで ……182

第4部：テストと評価

27. 小テスト：指導のため？ 評価のため？ ……188
    〈コラム〉㉒ノートはしまわせる，鉛筆は持たせない / 194
28. 定期テスト：到達目標を出題形式で具体化する ……195
    〈コラム〉㉓日本語の雑談と英語の雑談の使い分け / 201
29. 実技テスト：指導と評価の一体化のために ……202

第5部：自学自習

30. 宿題の出し方：教科書を活用し，具体的に ……212
    〈コラム〉㉔廊下作戦（生徒の学びの確認）/ 218
31. 辞書指導：どう引く？ 引かない指導も ……219
    〈コラム〉㉕日本語を英語語順に──主語を意識させる / 225
32. 多読指導：量に慣れる・「私も読めた！」と思える多読 ……226
33. ラジオ講座：全生徒に継続させる仕掛け ……233
    〈コラム〉㉖大学の英語の授業にひと工夫 / 239

【付録2】 アノ先生・ヒロ先生が影響を受けた本 / 240

第6部：教師の資質向上

34. 教師用指導書の使い方：題材の背景知識・CD-ROMの活用 ……242
    〈コラム〉㉗実践・研究発表の聞き方にひと工夫 / 248
35. 指導力アップのための研修：まずは自分の授業を録画することから ……249
    〈コラム〉㉘理論を知っていると（1）アウトプット仮説 / 255
36. 小中高の連携：学習者の立場で連携を考えてみる ……256
    〈コラム〉㉙理論を知っていると（2）インタラクション仮説 / 262
37. 本書を指導に活かすために：1度目は失敗する，3度は繰り返す ……263
    〈コラム〉㉚卒業生の話から気づく / 269

日々の英語授業にひと工夫

第1部

授業プランと展開

1. 年間計画の立て方
注意点と手順

ヒ：阿野先生，年度末になると何を考えますか。

ア：最近，年度末がすぐにやってくる気がします。時の流れが速くなっていると感じるのは私だけでしょうか。

ヒ：私もそうです。お互い年を取ってきたということですね。ぼやいていても仕方がないので，本題に入りましょう。年度末はすることがたくさんあって忙しいのですが，この時期にすることの1つに，年間計画の作成と提出がありますね。

ア：年間計画をどう立てるかはとても大切ですよね。今回はどのような計画をどのように立てたらいいのかを考えていきましょう。

立てる際の注意点1―地図はシンプルに

ヒ：ここで正直に告白します。私が20代の頃は，「年間計画なんて，絵に描いた餅のようなもの。何の意味があるの？」と思っていました。何のために作るのかがわかっていませんでした。

ア：私もそうでした。提出するためだけに作っていたような時期があったのが本当のところです。でも何年か授業をしていくうちに，年間計画の大切さを感じるようになってきましたね。

ヒ：私もそうです。年間計画は，旅人にとっての地図みたいなものですよね。英語教師にとって地図がなければ，どこへ行くのか，つまりどんな授業を行って，生徒にどのような力をつけていくのかがわからないですよね。

ア：ところが最近は困った地図を多く見るようになりました。

ヒ：困った地図ですか。

ア：そうです。毎時間の授業，単元に関して必要以上に細かく書くことが求められていることが多くなってきていますよね。

ヒ：これは2つの点で困りますね。まず地図の役目を果たしていない。あまりに細かすぎると地図としてはあまり使い勝手がよくないですよね。

ア：そうだと思います。駅まで行こうとして地図を見ているのに，一軒一軒の家の名字まで書いてあっては，大きな道順を見失ってしまう可能性もありますよね。もう1点は書くのに時間がかかり過ぎてしまうことですね。

ヒ：単元計画に時間がかかり過ぎて，書き終わるともう仕事が終わったような気持ちになってしまいますね。私もそんな経験をしたことがあります。その時間を使って，授業のハンドアウトなどを作る方がいいですね。

ア：計画はいい授業のために作るものであって，本末転倒にならないようにすることが大切ですね。年間計画はいつも目に触れていることが大切なので，提出してから一度も見ることがないようなものでは意味がないですからね。

立てる際の注意点2 ― 作成の手順

ヒ：ここでもう1つ告白します。

ア：懺悔シリーズですね。何ですか。

ヒ：私が20代の頃は，ボトムアップ的な立て方をしていました。

ア：ボトムアップ？

ヒ：そうです。つまりLesson 1から順番に立てていったのです。そして教科書の最後のLessonまで立てたら完成です。

ア：一見すると良さそうな気もしますが，実は大きな落とし穴がありますよね。

ヒ：そうなんです。大きな問題は，ここには指導のための到達目標がないのです。つまり一本一本の木を見ていったけれど，全体の森は見ないという計画を立てていました。
ア：それで目標として何を書いていたのですか。
ヒ：それが覚えていないのです…まさに「絵に描いた餅」ですよね。本当にごめんなさいです。

手順1．全体目標を立てる—生徒にどうなってほしいか

ア：その後，太田先生はどのように年間計画を立てていくようになったのですか。
ヒ：はい，まず現状把握，つまり今教えている生徒の現状をつかむことから始めました。例えば「話すこと」を例に取ると，「現在教えている生徒はどのような質問をしてもとりあえず答えることができる」とします。次にその現状把握を受けて，次の年度の終わりまでには，生徒にどうなってもらいたいか，どのように変容してもらいたいかを考えます。
ア：なるほど。到達目標ですね。年間計画のスタートは現状把握であるということ，全く同感です。
ヒ：そうですね。私はこの目標を立てる時に，Students will be able to... と考えます。こうすると立てやすくなります。例えば「話すこと」では「質問に答えた後，もう1文付け加えられるようになる」という感じです。私はこれを speaking, listening, reading, writing, vocabulary, grammar と項目を立て，それぞれに目標を立てました。
ア：これはいわゆる Can-do リストですね。SELHi 指定校で到達目標を示す際にかなり使われていたので，高校ではだいぶ知られてきました。Can-do リストを用いると，授業での目標が明文化されるため，生徒と教師が目標を共有することができます。そして年度途中で生徒自身がチェックすることで，どのくらいまで目標に近づいているかを知ることができます。教師も，年度の途中に何度か

Can-do リストを振り返ることで、今後どの分野の指導に重点を置いていくべきかを再考し、指導方法を修正できるというメリットもあります。

ヒ：なるほど。目標は立てただけで終わらせるのではなく、その後の使い方で価値も上がるということですよね。

ア：もう1つメリットがあります。

ヒ：というと。

ア：学年ごとの Can-do リストを作ることで、それぞれの学年の到達目標が明確になるため、中学・高校3年間の全体像が見えてきます。私が以前高校に勤務していた時に、次年度開校の中高一貫校の準備を担当したことがありました。この時にまず手をつけたのが、高校3年から中学1年に逆算して6年間の Can-do リストを作成することでした。これは、中学と高校の担当の先生方の連携に活用できましたね。

ヒ：たしかに、年間計画は、本来学年を超えて考えるのが理想ですからね。

手順2．目標達成のために授業で行うことを考える

ア：さて太田先生、次の手順を教えてもらえますか。「生徒にこうなってほしい」という到達目標を立てた後、次は何をするのですか。

ヒ：現状から到達目標にたどり着くために、授業中、授業外でどのような活動をしたらいいのかを考えます。

ア：いよいよ具体的になってきましたね。

ヒ：そうですね。この部分が一番行っていて楽しいです。「1分間ショー・アンド・テルをしようかな」「授業最初の5分の帯活動で、生徒に身近な話題で1分間話させる活動を5月ぐらいにやろうかな」など、目標に到達するために行う活動をいろいろ考えていきます。この段階では1人でブレーンストーミングを行っている状況です。

ア：楽しそうな太田先生の様子が目に浮かんできますね。

ヒ：この段階で役に立つのはいろいろな授業の活動について書かれている本，今までの指導案やワークシート，研究会でもらった資料などです。私はそれらを自分の周りに置いて，ぱらぱらと見ながら「これいいな」と思うとコンピュータに打ち込むという流れです。教科書をざっと見ると活動が浮かんでくることもあります。

ア：何か気をつけている点はありますか。

ヒ：そうですね。バランスよく考えられるように，私の場合は，活動を次のような項目に分けています。「最初の5分で行う活動」「時々行う活動」「大きな活動（これは学期に1度ぐらい行う活動という意味です）」「授業外に行ってほしいこと（家庭学習などが入ります）」，そして「評価活動」です。

ア：なるほど。でもこれだけ項目が分かれていると煩雑すぎませんか。

ヒ：これは，バランスを取るために私が考えた項目で，それぞれの先生が自分の授業に合わせ，項目を考えるといいと思います。

ア：そうですよね。科目や目標が異なれば，当然項目にも違いが出てきます。にもかかわらず，すべて共通の形式を使おうとすると無理が出てきてしまいますよね。指導に役立つようにアレンジすることが大切だと思います。

ヒ：ところで阿野先生は到達目標，Can-do リストを立てた後，どのようなことをするのですか。

ア：では具体的に，読む力に関する項目の Can-do リストで考えてみます。次のリストは私が高校の教員をしていた時に使ったものです。

　高1―まとまりのある英文を読んで，話の全体の流れをつかみ，読み落としてはならないポイントをとらえることができる。

　高2―まとまりのある英文を読んで，必要な情報を得たり，話の概要や要点をまとめて日本語で要約することができる。

　高3―本や新聞，雑誌などの記事や，Web 上のまとまりのある英文などを情報を求めて速読し，ポイントを英語で要約すること

ができる。

　これに従うと，おのずと授業での読解活動の方向性が見えてきます。高校1年では，まず中学との英文の量の差を乗り越えるためのトレーニングが入ります。話の流れをつかむための読みが中心です。そして高2で，スキミングや要約の活動を増やし，高3でさまざまな英文を読みこなし，スキャニングの訓練によって入試問題にも対応できる力を養います。3年間を通して和訳だけをしているなんてことは，まずなくなりますよね。

ヒ：なるほど，このリストは使えますね。これだけ具体的だといいですね。

手順3．授業数を大まかにカウントする。各レッスンにどのくらいかかるか考える

ア：まず到達目標を立て，次にその目標に到達するための活動をバランスよく考え，そして最後にすることは何ですか。

ヒ：いよいよ教科書の1つ1つの単元をどう教えようかを考えますが，その前にすることがあります。

ア：何をするのですか。

ヒ：それは学校の年間行事予定を見ながら，大まかに授業数を数えることです。

ア：それはまたどうしてですか。

ヒ：計画の段階でやりたいことをリストアップしていくと，どうしても多くなってしまいます。しかし現実は授業時数が決まっているので，本当にやりたいことから優先順位を決め，どう絞るかが大切ですよね。そこで予め大まかな授業時数を数え，その後，各単元を教えるのに，何時間ぐらいかかるかを教科書を見ながら考えます。

ア：すると1年間の大まかな計画が立ちますね。

ヒ：そうですね。最後に「この単元は何時間かかる。こんな活動をしよう」などと思いながら，書き込んでいくとできあがりです。

ア：実際に実行可能かを吟味して，活動を精選してから授業に向かえるわけですね。つまり，計画にもとづいて指導する，という本来の年間計画の役割を果たせるということですね。

他の先生の年間計画からも学ぶ
ヒ：年間計画の立て方について，2人でアイディアを交換してきましたが，学び合えるものですね。同じ学校や地域，研究会で他の先生が書いた年間計画を見て，そこから学べることも多いですよね。
ア：そうですね。他の人の年間計画から学ぶ，これもひと工夫ですね。

コラム① 授業で大切にしていること（1）

ヒ：私はいつも指導案の目標に書いていることがあります。それは，The students will help one another and enjoy cooperative learning. という一文です。この目標は私が授業で最も大切にしていることです。教室には30から40人の生徒がいます。この生徒たちがお互いに助け合い，教え合い，お互いが表現したことから学び合い，刺激を受けることができることが教室に複数の生徒がいる意味の一つだと思います。もしこの学び合いがなければ，個人個人が自分で学んだ方がよほど効率がいいでしょう。

「へえー，あの子，私と一緒の歌手が好きなんだ」「そうか，そういう文を使うと，1文付け足すことができるんだな」など，生徒たちはお互いから多くのことを学びます。先生はそのような教室を作り，ガイドする指揮者です。そのためにいかに生徒がお互いに学び合うような活動を仕組むかを考えます。先生が説明して生徒は聞きノートを取る，という活動のみの授業では学び合いは生まれません。この目標を大切にすることで授業が変わってきます。

ア：だから太田先生の授業ではインタラクションが多いのですね。

> # 2. 指導案
> どう書くか？　書いたらどうするか？

ア：太田先生，私は今までに高校・中学・大学で授業をするために用意した指導案を10年分以上持っているのですよ。

ヒ：10年分ですか。阿野先生は何年教員をしているのですか。

ア：ええと…そろそろ30年近くになりますが。

ヒ：そうですか。私は中学の新採1年目からの指導案を持っていますよ。

ア：えっ！　ということは中学での指導案全部をとってあるのですか。

ヒ：はい。

ア：それって研究授業で書くような指導案ですか。

ヒ：違いますよ。ノートにメモする走り書きの指導案のことです。3校目からはパソコンで簡単にメモするようになりました。

ア：そうですか，ほっとしました（汗）。私が持っている指導案も同じです。私の研究室の本棚に大学ノートが何十冊も並んでいます。太田先生が毎時間，どんな内容を書いていたのか興味があります。

ヒ：私も阿野先生の指導案を知りたいですね。では今回は指導案について話しましょう。

指導案を書く際に最初に考えること

ア：太田先生は，指導案を書く際に最初に何を考えますか。

ヒ：それにはつらい思い出が…。

ア：おっと，得意の若き日の懺悔ですね。

ヒ：はい。最初は何も考えずに，まずその日の授業でどうやったら生徒にウケるか，そればかりを考えていました。

ア：ということはつまらないオヤジギャグを考えていたのですか。

ヒ：当時は若かったので，オヤジギャグではないですが，ウケだけをひたすら考えていました。

ア：授業の目的は考えなかったのですか。

ヒ：それもお恥ずかしい話で…目的なんて絵に描いた餅，そんなことを考えて何の役に立つのだろうと思っていました。

ア：それがどうして変わったのですか。

ヒ：生徒が教えてくれました。「先生，今日のゲームおもしろかったよ」「あの小道具はよかったよ」などと，生徒が英語に関して学んでいないことがわかったのです。

ア：それでまず，目的を立てる大切さを痛感したのですね。

ヒ：そうです。目的を立てる際に，私は生徒の実態と教師の役目という2点から考えるようになりました。まず現時点での生徒の実態を考えます。そして生徒を伸ばすための教師の役目，つまり教師が教室にいるからできることは何かを考えます。

ア：なるほど，教師と生徒の両面からまず指導案を考えるのですね。

ヒ：そうです。阿野先生は最初に何を考えますか。

ア：生徒の動きからです。「授業の中で生徒にこういう活動をさせたい」ということを考えます。

ヒ：なるほど。指導案はどうしても教師の立場から立ててしまうので，生徒の動きを中心に考えることは大切ですね。

指導案（メモ）に書く内容

ア：さて，目的や教師の役割，生徒の動きなどを考えた後，次に何をしていきますか。

ヒ：まずはその時間の目的を果たすために，ノートにメモをしながら，活動の順番と時間配分を考えます。そして中心の活動は何かを考え

ます。私は自分が言うせりふなども書きます。もちろん書ける範囲で，です。私のモットーは「長続きできる無理」ですので。

ア：それはおもしろいモットーですね。

ヒ：阿野先生はどのようなことをノートにメモするのですか。

ア：まずはノートの一番上に日にちと時限，そして1行目に，① greetings と書きます。

ヒ：これを書いている間に気持ちを高めていくのですね。

ア：完全に読まれていますね。

ヒ：その次は。

ア：続きの番号を振りながら生徒が行う活動を英語の単語で書き出します。

ヒ：例えばどんなふうにですか。

ア：② Listen to Outline (Oral Introduction)　③ Reading Comprehension in Pairs　④ Check in Class　⑤ Group Discussion　⑥ Report from Each Group など，ただ単語を羅列して，1時間の生徒の動きを書き出します。

ヒ：つまり生徒の動きで procedure がわかるわけですね。

ア：はい。そしてそれぞれの活動の前にしておくべきことを考えて，実際に生徒に投げかける質問などを書き込みます。同時に，活動を成立させるために必要なハンドアウトを配るタイミングなども，それぞれの項目のスペースにメモします。

ヒ：阿野先生の動きが目に浮かびます。ハンドアウトで思い出しましたが，私はハンドアウトなど授業中に配るものも指導案のとなりにつけておきます。

うまく行かない，行き過ぎる場合を考える

ヒ：このように指導案をひと通り書き終えると，めでたしめでたし，となりそうですが，ここでもうひと工夫必要ですよね。

ア：そうですね。太田先生は何をしますか。

> Past tense (Wh-questions) Unit 11
> Friday, January 29, 20**
>
> 1. Greetings & small talk (5min.)
>   Try to interact with as many students as possible and ask the questions using 'Did you ～ ?'
> 2. Dictation (3min.)
> 3. Vocabulary work (4min.)
>   1. The students work in pairs. 2. Monitor their progress
> 4. Practice of keeping the conversation going – (10min.)
>   The students in pairs try to add a few sentences and ask questions.
> 5. Textbook Unit 11 (1) (20min.)
>   1) Review the storyline of 由美たちの冒険.
>   2) Oral introduction of today's story
>   　　　　　　　　　　　　　　　　　　　　＊ picture cards
>   3) Explanation
>   4) ~~Oral reading~~
> 6. Consolidation
>
> Comments:
>   At the practice stage, the students were able to add a few sentences by including specific information. I do hope this kind of practice will help the students improve their speaking skills.

普段の授業用の指導案（例）

ヒ：私の場合，うまく行かない時にどうするかを考えておきます。例えば発問に対する生徒の答えを予測します。そこで終わらず生徒が答えられない場合，どうするかを考える。また，ペア・ワークをスタートさせたけれど，生徒が戸惑っている時には，どうするかを考えるなど，うまく行かない場合の対策を考えることが大切だと思います。

ア：そうですね。いつも教師が意図した通りには進まないのが授業ですからね。

ヒ：この時に大切なのは，どうするかの答えは１つではないということです。したがっていろいろと考える癖をつけておくといいと思います。

ア：そうですね。人の授業を見る際に，その点からも見ると学ぶとこ

ろが多いです。

ヒ：そう思います。ベテランの先生ほど，うまく行かない時に対処するための手持ちの駒が多いですね。ところで阿野先生の場合のひと工夫は何ですか。

ア：それはうまく行き過ぎる場合への対策です。

ヒ：えっ，うまく行き過ぎる場合ですか。うまく行くのならいいじゃないですか。

ア：それがそうではないのです。以前私が担当した教育実習生にこんな学生がいました。かなり念入りに指導案を作成し，授業では生徒の反応も良く，予定した手順でどんどん授業が進行して行きました。

ヒ：それで用意した内容を早く終えてしまったのですね。

ア：そうなんです。50分用に立てた指導案が，なんと30分で終わってしまったのです。

ヒ：その後はどうしましたか。

ア：本人が困った表情で私に助けを求めてきたので，残りの20分は私が引き継ぎました。

ヒ：つまり，予定していない時間が生まれた時の対策を考えるということですね。

ア：そうです。例えば各自で教科書の音読をさせ，机間巡視で1人でも多くの生徒の個別指導をするとか，教科書の題材を深めるための資料を提示して次回につなげるなども考えられます。

指導案の見直し方

ヒ：さてこうして書き終えた指導案ですが，どうやって見直していますか。私はまず指導案が目的に合っているかどうかを見直した後，先ほどの阿野先生の「生徒の動きを中心に考える」というのをこの段階で行います。

ア：それはつまり…

ヒ：はい，書き終わった後，生徒の立場から指導案を見直します。そ

うすると意外な落とし穴が見つかります。例えば生徒の立場に立つと，1時間のかなり多くの時間が聞くだけになっているとか，リピートする時間が長すぎるとか，1人での活動時間が多いなどが見えてきます。阿野先生の見直す際のポイントは何ですか。

ア：これは大学の90分授業など比較的長い時間の授業で行うことですが，予定している活動の順番を入れ替えて授業が成立するかを考えてみます。

ヒ：つまり①②③④という指導手順を，②①④③に並べ替えてみるとどうなるかを検討するんですね。

ア：そういうことです。もしこれでもOKならば，それぞれの活動につながりがなく，ただの活動の羅列に過ぎないということになりますね。もう一度活動の目的を確認して，手順を再検討する必要があります。

ヒ：なるほど，活動のつながりから見直すのですね。

授業終了後にすることは

ヒ：さて授業が終わりました。授業が終わった後，指導案はどうしますか。

ア：終わった後はもう指導案は必要ない，ではなく，ここでもうひと工夫ですよね。

ヒ：そうですね。

ア：太田先生はどうしているのですか。

ヒ：最初は何もしませんでした。というか次の授業案で頭がいっぱいだからでした。

ア：わかります。最初は余裕がないですよね。で，その後は？

ヒ：授業を終わっての振り返りを書きました。

ア：それはいいですよね。でも続きましたか。

ヒ：それが三日坊主となりました。やはり無理がありました。

ア：そこで試行錯誤の上，どうなったのですか。

ヒ：はい，終わった活動にそれぞれ良かったら○，まずまずなら△，だめだったら×をメモの横に描きました。「やった！」と思った場合は，◎を描きました。

ア：なるほど，これなら簡単なので，続きますね。

ヒ：さらにもう一言だけ書きました。それは生徒の様子です。

ア：ここでも生徒の登場ですね。

ヒ：はい。私は生徒の名前とその生徒の様子や話したこと，つぶやきなどをメモしました。「阿野君が I like tennis. の後に I play it every day. と言っていた」などです。

ア：さすが阿野君ですね。この利点は何ですか。

ヒ：次に見返した時に思い出しやすいということです。こんなことをやったのか，生徒はこうだったのかなどと思い出すことが，次に指導案を立てる時にとても役立ちます。ところで阿野君，でなく，阿野先生は授業の後に何をするのですか。

ア：中学や高校では，同じ教材を使った授業を2回，3回と教えることも多いので，次の授業で修正したい部分を赤で目立つように書いておきます。大学では1度限りの授業が中心ですが，やはり「こうすべきだった」という点を赤で記入しておくととても役に立ちます。翌年に同じ科目を担当した時には，指導案を作る前に前年度のノートをざっと見直すだけでも，1年前の記憶がよみがえり，改善点を含んだ指導案を作りやすくなります。

ヒ：これは大学だけでなく，中学や高校でも以前のノートを見直すことで，良かった指導は繰り返し取り入れることもできますね。

ア：そのとおりです。私は中・高・大のノートがあるので，大学でなかなかうまく学生がついてこない時に中学での指導案を見返すことで，思わぬ指導のヒントを発見したりすることもあります。つまり，他学年の指導案からヒントを得ることもあるということです。

ヒ：指導案，役に立ちますね。明日の指導案を書きたくなってきました。

3. 授業開き
何をするか？　気をつけること

ヒ：新年度，4月，いい響きですね。
ア：そうですね。新しい日々，新しいクラス，新しい生徒に期待をしますよね。

新学期の1時間目が勝負！
ヒ：新学期は「今年はこれをやってみよう」「今度こそ同じ失敗を繰り返さないようにしよう」と心機一転，気合が入る時ですよね。
ア：それと同時にとってもわくわくする時期でもありますね。新しい生徒たちとの出会い，そして今年はどんなクラスを担当するか考えるだけでもドキドキしますからね。私は4月の1時間目の授業を，毎年とっても楽しみにしているんです。
ヒ：私もです。それにどうやって1時間目をスタートするかが，これから1年間，さらに新入生を受け持つ場合には，彼らの3年間を左右することにもなりかねませんから緊張もしますよね。
ア：そのとおりですね。私も1年の中で最も綿密に計画して授業に臨むのは，新学期の1時間目といっても過言ではありません。初めての生徒，そして初めてのクラスなので，教師からのメッセージを伝える時も生徒の反応が予測できないため，いろいろな対応を考えて臨まなければなりませんからね。
ヒ：でもその緊張感がなんとも言えずいいものなんです。

新入生を迎える

ア：まずは新入生を受け持つ場合から考えてみましょう。小学校で外国語活動を経験していたり，個人的に英語を学んでいたりする生徒も多い中で，中学1年の最初の授業は，太田先生はどんなふうに始めますか。

ヒ："Hello!" と明るく挨拶をした後，英語で自己紹介をします。絵を描いたり，物を見せたりしながら，「言っていることが全部わからなくても大丈夫，ポイントだけつかめればいいよ」という思いで行います。一方的にならないように，（トマトの絵を少しずつ描きながら）"What's this?" など生徒とやり取りをしながら自己紹介をしていきます。その後で，生徒一人一人に挨拶をして簡単に自己紹介をしてもらいます。

ア：「英語でやるよ」というメッセージを発していますね。今は小学校の外国語活動で生徒たちの様子も変わってきたでしょうね。

ヒ：そうだと思います。したがって最初の1時間では生徒たちがどのくらい英語に触れてきたのかを確かめる必要がありますね。私はオリエンテーションとして，授業での到達目標，こちらの願いを話した後，生徒からの英語学習歴，授業への要望を書いてもらうようにしていました。

ア：生徒の現状を把握することは大切ですよね。

ヒ：私はこのアンケートからいろいろな様子がつかめました。では中学で英語の勉強をした生徒たちを引き受ける高校ではどうですか。阿野先生は，高校1年の1時間目はどうやって始めていましたか。

ア：まずはやさしい英語で生徒に話しかけることです。中学で英語による授業を受けてきた生徒はクラスの中で半分もいませんでした。そこで，まずは教室の中に英語の空気を充満させて，その環境に慣れてもらうことから始めました。教師がやさしい英語を使うことで，「英語で話されてもわかる」という感覚を持ってもらうためです。ここで英語に対する拒否反応が出てしまったら困りますからね。最

初に日本語だけで語ってしまってから英語に切り替えていくのは難しいですが，英語でスタートしてから，場面に応じて日本語を入れていくと生徒はほっとしますよね。
ヒ：つまり，中学でいろいろなスタイルの授業を受けてきた生徒に対応できるようにするということですね。
ア：そうなんです。中学で活動中心の授業を受けて英語を使うことに慣れている生徒もいますから，いきなり教科書の1ページ目から解説を始めてしまっては，そのギャップにショックを受ける生徒も出てきてしまいますからね。
ヒ：ギャップと言えば，中学と高校の教科書のギャップは生徒にとって衝撃ですよね。
ア：そのとおりです。活字が詰まった教科書を手にした瞬間から，高校の英語に恐怖心を抱く生徒がいるのも事実です。その恐怖心を取り除いてあげるのも最初の授業の役割ですね。
ヒ：と言うと，どんなことをするのですか。
ア：まず教科書全体を，生徒と一緒にながめてみます。するときれいな写真に目がとまり，生徒たちは，自分が知っている場所や人物についての話題を見つけます。そこで "Who is this man?" とか "Do you know the name of this place?" などとやさしい英語で質問をしながら，教科書全体を見ていきます。高校の教科書は題材が勝負で作られているので，生徒の気持ちを「結構面白そう」と誘導して，「何が書いてあるのだろう」と思わせられれば成功ですね。
ヒ：興味ある題材が見つかった生徒は，先にそのレッスンを読んでしまうかもしれませんね。
ア：そうなればしめたものですね。

担当教員が変わる場合

ヒ：では次は2年生や3年生の4月の1時間目について考えてみましょう。自分で持ち上がる場合には生徒との関係もできていますが，

問題は途中の学年から担当する場合ですよね。

ア：そうですね。中学では転勤などの場合を除いて持ち上がるケースが多いと思いますが，高校では複数の教員で学年を担当し，教員によって授業スタイルが違うケースが多いので大変です。

ヒ：阿野先生はどうしていましたか。

ア：まずは授業開始前に，前年度の担当者からどんな授業をしていたかをよく聞くことです。部活動で担当している生徒から，授業の様子などを教えてもらったこともあります。

ヒ：まずは情報交換からということですね。

ア：そうですね。私が長く勤務していた高校は英語教員の数も多く，いわゆる授業名人といわれる先生が何人もいました。このような先生が担当されていたクラスは，すでに英語学習に対する動機づけもできていて，音読では大きな声が出るようになっています。この場合には，その先生の指導が自分にとって目標にもなるので，1時間目は，昨年度と同じように英語の力をつけていこうと生徒と確認するくらいで，あとは実際に授業を進めながら徐々に自分のメッセージを生徒に投げかけていくようにします。

ヒ：こういう場合には，こちらもその先生に少しでも近づこうと努力するのでいい勉強になりますよね。でも問題はこれと逆のパターンですね。

ア：そうなんです。全く違う指導方法の先生が前年度に担当していた時には，1時間目は生徒と十分に話し合いの時間を持たなければならないと思っています。私の場合にも，教科書の全文訳をして日本語で懇切丁寧に解説する先生から引き継ぐ場合が一番大変でした。場合によっては音読の習慣がついていないこともあります。

ヒ：そこで阿野先生が何をしたか興味がありますね。

ア：この場合には，生徒は完成された日本語訳を手元に残すことと，日本語での詳しい説明を望んでいるので，まずはこちらもこれに合わせます。

ヒ：え，同じ指導をするということですか。

ア：同じ指導とは言えませんが，1時間目のほとんどを日本語で進めます。このような環境の中でいきなり英語を話しても，「英語で言われてもわからない」と拒否反応を示されてしまっては仕方がないですから。日本語訳は，授業終了後にハンドアウトにして渡すことを約束します。

ヒ：なるほど。

ア：まずは，前年度の授業スタイルとは変えることを宣言します。ただし，前年度の先生の授業を否定してはいけませんよね。それぞれの指導法には必ずいい点があるので，そこはしっかりと指摘します。その上で生徒に「今年はどんな力をつけたいか」と問いかけ，その答えを踏まえて「じゃあ，英語を使いながら身につけよう」「教室を特別な空間にして英語を充満させよう」「みんなで大きな声を出して一緒に音読をしよう」など方針を打ち出していきます。もちろん，英語を授業中に使うことの意味やペア・ワークの効果，音読でどんな力がつくかなどは生徒が納得するまで説明します。つまり生徒を説得していくわけです。ただ，根拠がなければ説得力がありませんよね。

ヒ：どう根拠を示すんですか。

ア：口頭での説明だけでなく，自分が担当した生徒たちの学習成果を見せることです。例えば，先輩のスピーチを撮影したビデオを見せたり，先輩が書いた英文を読ませたりします。部活動などで知っている先輩が登場したりすると，これだけでもかなりインパクトがあります。高校3年から担当したクラスで一番効果があったのは，大学に進学したばかりの卒業生に授業に来てもらった時です。まず，授業にどのように取り組んだかを英語で話してもらいます。「あんなに話せるようになって，しかも大学に合格したんだ」と驚きの声。その後で，日本語で学習方法についての質疑応答。これだけで次の時間からスムースに授業ができました。

ヒ：まさに実物提示の効果ですね。
ア：太田先生は中学で途中の学年から持った場合にはどんなことをしていましたか。
ヒ：まずは何といっても生徒の現状を知ることから始めます。
ア：と言うと。
ヒ：それまでの先生のことと，生徒たちが英語の授業や学習に対してどう思っているかを知ることです。そのために生徒たちにアンケートを取り，昨年までに習っていた先生の授業で楽しかったこと，役に立ったことを尋ねます。そして今年の授業への希望と要望を書いてもらいます。
ア：やはり前年度の先生の授業を否定しないところから始めるのですね。
ヒ：そうですね。前年度の先生の授業から学べることがあるのです。それにより自分の授業を振り返ることができます。
ア：太田先生の思いは伝えないのですか。
ヒ：もちろん伝えます。阿野先生と同じように，「こうなるよ」ということを示すために，先輩のスピーチ原稿など作品を見せます。これはやはり効果抜群です。生徒の作品がない場合は，「卒業するまでに3分間のスピーチができるようになるよ」などと具体的に話します。
ア：具体的に，がポイントですね。

最初の授業で話す（べき）ことを整理する

ヒ：さて，最初の授業で話さなければならないことは，他にもありますね。
ア：まずは家庭学習の方法でしょう。
ヒ：予習はするのかしないのか。するなら何をしてくるのかなど，具体的に示してあげることが必要です。NHKラジオ講座「基礎英語」も，ただ「聞きなさい」と言うだけではなかなか実行に移せない生徒もいます。ラジオ講座を使うことでどんな力を伸ばせるのか，そ

のメリットを話してあげるといいと思います。
ア：そうですね。また，部活動や塾で時間的に聞けないという生徒には，NHKのホームページからストリーミングで24時間聞くことができるという情報（178ページ参照）なども教えてあげるといいですね。最初の授業ですべてを伝えようと欲張る必要はないけれど，最初の授業でこそ伝えるべきことをリストアップして新学期に臨みたいものです。

コラム② 授業で大切にしていること (2)

ア：私は普段は無口なのですが，授業に行くとどうしても話しすぎてしまうんですよね。
ヒ：無口って…普段通りに話してしまうっていうことでしょう。
ア：それはともかくとして，教師が話しすぎればそれだけ生徒が英語を話す時間が減ってしまいます。そこである時から，授業中に私が話した時間と生徒が話した時間の比率を授業後に振り返って，その日の反省をするようになりました。教師の方が一人ひとりの生徒よりも多く話すのは当然ですが，生徒全員の発話量の合計を考えてみるのです。例えば一人の生徒がペア・ワークやグループ・ワークなどで1分間話したとします。教室に40人の生徒がいれば，生徒の発話量の合計は40分です。50分授業で教師が一方的に40分以上話し続けることはまずないと思うので，これでも生徒の発話量が上回ります。これを授業成立のボーダーラインとして，できるだけ教師の発話の比率を下げるように努力します。ある時，ゼミ生が私の英語の授業をビデオで撮って発話時間の測定をしてくれました。その時は90分中私が話していたのが30分弱で，一人ひとりの学生もそれぞれがほぼ同じくらいの時間，英語を話していました。これは大成功の例ですね。

4. 授業の最初の5分
4つの目的とその方法

ヒ：阿野先生，突然ですが，授業はどうやって始めていますか。

ア：えっ，いきなり質問から入ってきましたね。普通は挨拶から始めますよね。

ヒ：その後です。「今日は何ページからかな，太田？」ではまずいですよね。生徒に「英語やるぞ」と思ってもらえるような，授業の導入をしたいものですよね。

ア：それが今回の「ひと工夫」のテーマですね。

ヒ：そうです。授業の最初の5分ぐらいで何をするか，どんな工夫ができるかを考えましょう。

ア：いろいろな工夫を話し合う前に，まず「最初の5分」の目的を考えましょう。太田先生は最初の5分の意味，位置づけをどう考えていますか。

ヒ：私は，4つの目的があり，それぞれの時期，その時行っていることによって使い分けています。

ア：4つですか。聞きたいですね。

授業の最初の5分で行う活動の目的

ヒ：1つ目はまず英語の授業の雰囲気を作るためです。前の時間が体育などの場合，生徒は汗びっしょりで教室に入ってきますよね。「次は英語か。勘弁してよ」という気持ちを，「さあ，英語をやるよ」という雰囲気にするためです。

ア：そうですよね。夏の暑い時期などは大変ですよね。2つ目は？
ヒ：前の時間，それまでに習ったことを復習するためです。生徒にとって英語は学習している多くの教科の中の1つ，だから前の時間の内容を覚えているとは限りません。それに英語は繰り返しが大切ですよね。
ア：そうですね。復習は大切ですね。3つ目は？
ヒ：3つ目はその授業で行う活動に必要なことをするためです。
ア：復習とは逆で，これから行う活動のために何かをしておくのですね。準備のための活動も大切ですね。最後4つ目は？
ヒ：少しずつ継続して行い，スピーキングなど何かしらの力をつけるためです。
ア：いわゆる「帯活動」，つまり，ある一定期間，何かの目的のために，その時間の授業の流れとは直接には関係なく行う活動のことですね。
ヒ：そうです。この帯活動はいろいろな先生方が行っていますね。
ア：さて，それでは1つ1つの目的に合った「最初の5分にひと工夫」を話していきましょう。

英語の授業の雰囲気を作る

ヒ：まずは英語の授業の雰囲気にするための工夫です。私は何と言ってもスモール・トークをします。あいさつをして，日付，曜日，天気を確認した後にちょっとしたおしゃべりを英語でします。私のイメージは，担任の先生が朝学活，帰りの学活などで生徒たちと雑談する，そんなイメージです。
ア：太田先生はどんなことを話しますか。
ヒ：中学校で教えていた時は，他の授業の話，給食のメニュー，学校行事のことなどですね。あっ，そう，一番多かったのは天気のことでした。雨が降るという予報がある時などは，"Do you know today's weather forecast? The weather forecast says it will rain in the afternoon. Did you bring an umbrella with you?" などと

話していました。

ア：私もいろいろと話していましたね。先日，高校で教えていた時に2年間英語を担当した卒業生から「阿野先生は授業中，よく飲みに行った話をしていましたよね」と言われました。別に飲みに行った話ではなく，"I went out to dinner with Mr. ○ last night." などという話をしていたのですが，こういういわゆる雑談を生徒はよく覚えていますよね。彼女に「でも全部英語で話していたよね？」と言うと，「そういえばそうでしたね」とのこと。つまり，こうした雑談には，日本語・英語にかかわらず生徒は耳を傾けてくれます。これで教室の中は，英語を使ってコミュニケーションを取る準備が完了です。話題は生徒が関心を持っているものなら何でもOK。テレビドラマや流行っている音楽の話題，芸能ニュース，3年生であれば大学入試の耳より情報なども使えます。ときには休み時間から音楽をかけておいて，そのタイトルや歌手名を生徒に聞いていく，なんていうこともしました。生徒は英語の授業であることを忘れて教師の話を聞き，反応もしてくれますから。

ヒ：楽しそうですね。スモール・トークのポイントの1つはできるだけ生徒を巻き込み，一方的にならないようにすることですね。

ア：そうですね。毎回は無理でも，生徒とインタラクションを取ろうとすることが大切ですね。

ヒ：スモール・トークこそ，自然なコミュニケーション活動ですよね。わざわざ活動を設定しなくてもスモール・トークで話題を出し，"Okay, talk with your partner." と話させることだってできますしね。

ア：無理に毎回教師がスモール・トークを行わないでも，きっかけだけを与えて，あとは生徒同士の会話にゆだねるのでもいいですよね。

ヒ：そうですね。無理は長続きしないですからね。

前の時間，それまでに習ったことを復習する

ア：次は復習のために最初の5分をどう使うかですね。

ヒ：まず教科書のディクテーションです。授業ですでに扱ったページを予め指定しておいて，「このページの文のどれかをディクテーションしてもらうから，家で勉強しておいで」と指示します。

ア：前の時間で扱ったページですか。

ヒ：それでもいいですし，もっと以前，例えば3か月前，半年前に習ったページでもいいと思います。中学で教えていた時は，中1の2学期後半から，「Lesson 1 から復習するよ」と言いました。

ア：そのディクテーションのやり方はどうするのですか。

ヒ：指定した教科書のページをこちらが読んで，最後に読んだ文を生徒がディクテーションしました。いわゆる「ラスト・センテンス・ディクテーション」です。（この方法は元墨田区立両国中学校の長勝彦先生から学びました。）

ア：これは先生がどこで読み終わるかわからないので，生徒たちは集中して聞きますよね。

ヒ：そうですね。私はよく "Good morning!" と言った後，すぐディクテーションを始めました。

ア：それはどうしてですか。

ヒ：チャイム着席をさせるためです。そして授業を落ち着いて始めることも狙いました。

ア：なるほど。それで，スモール・トークは？

ヒ：ディクテーションが終わった後，"How was your weekend? Did you have a good time? I ...." などと言いながらスモール・トークをしました。阿野先生は復習という目的ではどのようなことをしましたか。

ア：高校生はクラスによっては声が出なかったり，なかなか授業に乗ってこなかったりする場合もあります。そこで，声出し練習として，前回の授業で学習した範囲を中心にシャドーイングをしていました。

ちょうど合唱部が歌い始める前に発声練習をするのと同じです。授業の毎回の宿題を「シャドーイングできるまで音読してくること」とすることが多かったため，その確認の意味もあります。ディクテーションや音読以外でもできることはありますよね。

ヒ：はい。以前に扱ったページを使って生徒に次から次へと質問をするという活動も行いました。

ア：どんなふうにですか。

ヒ：そのページのピクチャー・カードを使って，"Who is this boy? What is he doing?" など，絵から本文の内容を思い出してもらうために，次から次へと質問をします。

ア：太田先生のテンポは速そうですね。

ヒ：そうですね。生徒はすごいもので，だんだん慣れてきます。もちろん答えられない時は内容を思い出してもらうために，こちらが答えを言います。

ア：この活動には，何かひと工夫がある気がするのですが…。

ヒ：さすが阿野先生，するどいですね。質問は本文の内容の事実を尋ねる fact-finding question だけではなく，personal question もします。例えば，本文の内容が映画の話なら，"Ken likes to watch horror movies. How about you? Do you like to watch movies? What kind of movies do you like to watch?" などと本文の話題に関して生徒自身のことを尋ねる質問をします。

ア：personal question をすると，これも簡単なコミュニケーション活動になりますね。

その授業で行う活動に必要なことを行う

ヒ：さて3つ目です。この目的でよく行うのは，vocabulary work です。例えば授業の後半で冬休みにしたことを話す活動を設定した場合，最初の5分で，動詞の過去形の vocabulary work をします。

ア：先生が動詞の過去形を使った文を言い，生徒は2人一組になり，

言われた過去形のカードを取るカードゲームなどですよね。

ヒ：そうですね。1人が動詞の現在形が書かれたカードを見せ，もう1人がその過去形を言う活動もできます。

ア：vocabulary work 以外にはどんなことをしますか。

ヒ：ペアになって，ある話題について話す活動をする時などは，話す時に使える質問とその答え方を2人一組で練習する活動もしました。

帯活動

ヒ：最後は，「ある一定期間，何かの目的のために，その時間の授業の流れとは直接関係なく行う活動」，帯活動です。

ア：最後は私から言わせてください。高校の教員をしていた時は，毎時間の最初に生徒が数人ずつレシテーションやスピーチを行うという帯活動をよくしていました。中学に異動してからは，もっぱらNHKラジオ講座「基礎英語」のテキストを使った音読リレーでしたね。リレー形式で音読をするため，短時間に全員の生徒に発表の機会を用意できるので，どの生徒も読めるようにしてこようという意識を持ち，ラジオ講座を聞く習慣をつけさせる役割を果たしていました。同じテキストを最低1か月間は読み続けるために，音読はどんどんうまくなっていきましたね。

ヒ：いいですね。継続すると力がつきますね。私もその時々の目的に応じていろいろ行いましたが，その中で速読を紹介します。

ア：最初の5分間でどうやるのですか。

ヒ：中学校3年になると生徒は高校受験を意識します。ここで大切なのは長文読解です。そこで授業では，中1，中2の教科書を1セクションずつなどの単位で与えて，さっと読ませ，その後簡単な質問に答える，または True or False の活動をします。

ア：ストップ・ウォッチを持って，"Are you ready? Let's start!" と言う太田先生の姿が目に浮かびますね。

ヒ：生徒にとっては中1，中2の教科書ですから，理解がしやすく，

復習ができ，伸びを実感できると思います。また与える教材の語数を示し，生徒に読み終わった時間を記録させることで，1分間に読む語数のスピードを測らせることも励みになり，いいと思います。（1分間に読む語数〈word per minute（wpm）〉＝読む文章の語数×60÷読むのにかかった秒数）

ア：私も速読をやっていました。短時間に集中できる活動なので，帯活動にはいいですよね。

ヒ：こんなふうに授業の最初の5分を目的に応じていろいろ試すといいですね。

コラム③　授業の始めに声を出させたい（1）

ア：授業を始めるにあたって，英語の学習環境を整えることに苦労をする場合がありますが，その中でも生徒に声を出させたいと思っていてなかなかうまくいかないことがよくあります。そんな時におすすめなのが，この章，そして14章「音読指導」でもお話しするペア・シャドーイングです。前の時間までに学習した教科書本文を一人が音読し，ペアの生徒が教科書を見ないでついて行く練習です。クラス一斉に行うと，たとえ一人ひとりの声は小さくても，全体としてはかなりのボリュームになり，自分の声が周囲の音にかき消されてペアに届かなくなるため，自然と声が大きくなってきます。ふと気づくと「クラス全員が大きな声で英語を口にしていた」という場面を作ることができます。もちろん，それまでの授業で本文を読めるように練習して自信を持たせておくことが大切です。また，この活動を習慣化することで，「モデルになって読まなければならない」「ある程度練習しておかなければシャドーイングはできない」という自覚のもと，家庭での音読練習の動機づけになって，音読練習の目標とすることもできます。

ヒ：「大きな声を出して」と言わなくても，自然と声を出すような状況を作る工夫をすることですね。

> ## 5. 授業の最後の5分
> まとめ・振り返り・次につなげる

ア：4章では，授業のはじめの5分にどのような工夫ができるかを話しました。この5分間が，その日の授業に対する生徒の姿勢を変える効果があることがわかりましたね。

ヒ：そうですね。何事もはじめと終わりって大切ですよね。

ア：そう，「終わり方」も大切ですね。ということで，今回は授業の最後の5分間でできる工夫について考えていきましょう。

授業の終わりは難しい？

ヒ：阿野先生の授業は，普段はどのように終わっているのですか。

ア：毎回の授業プランは，形の整った指導案にはしていませんが，授業の流れや生徒への質問などをノート2ページ程度にまとめておいて，これにもとづいて授業を進行しています。その段階では，授業終了直前に行うことを必ず用意しています。しかし，いつも欲張った指導計画を立ててしまうため，実際にはこの部分に入る前にチャイムが鳴ってしまい，時間切れになってしまうことが多くあります。こういった時には何となくしまりのない授業になってしまい，よく反省しています。太田先生はいかがですか。

ヒ：私も欲張ってしまう方ですね。それに授業でインタラクションをしているとつい横道にそれてしまうこともあり，なかなか思ったとおりにはいきません。授業を終わらせるための時間は十分には取れないのが現状ですが，行ったことを多少でも振り返る時間を持とう

としています。

ア：なるほど。では，授業の最後にはどんな活動を行うといいかを具体的に考えていくことにしましょう。

まとめのための5分間

ヒ：まずは，その日の授業のまとめですよね。授業のしめくくりは，学習したポイントの確認を行う場合が多いですね。これは中学でも高校でも同じでしょう。

ア：そのとおりです。例えば授業中のいろいろな活動を通して，ある文法事項を学習したとします。生徒は使い方を身につけ，自分のことばで表現できるようになったとしても，もう一度頭で理解して納得する機会も必要でしょう。特に英語だけで授業を進行している場合には，文法の規則について日本語で説明してあげることは意味のあることです。あいまいな部分が残っている生徒にとっては，自分で理解した内容を確認することができますし，スローラーナーにとっては，他の生徒たちに追いつくチャンスでもありますよね。

ヒ：そうですね。文法の確認を最後の5分程度を使ってやることは多いでしょうね。あるいは，その授業で学習したことが使えるようになっていることを実感させるために，最後の5分間に使う場を用意することも可能ですよね。

ア：私も今それを言おうとしていたところです。例えば未来を表す表現 be going to を学習したとします。授業の最後に，その日の放課後や夜に予定していることを友だちに話してみることもできますよね。そうすることで，これからの予定を言えるようになったことを実感できるし，うまく言えなかった時には，何を復習したらいいかのポイントも見えてきますから。

ヒ：5分間で自分なりのフィードバックを得るチャンスにするということですね。

ア：そうです。太田先生はまとめの活動としてどんなことをしていま

すか。

ヒ：私がまず行っているのは，その授業の新出文法事項のまとめです。導入した際に使った絵などを再度見せ，どのような文を言ったかを思い出してもらい，その文を板書します。その後，日本語で文の意味と形，そしてどのような時に使うか，つまり meaning, form, use の3つの面から簡単に説明します。その後で，文をクラス全体でリピートして，ノートにコピーしてもらいます。

ア：コピーをさせる際にひと工夫ありそうですね。

ヒ：そうなんです。文が少しでも頭に残りやすくなる工夫をします。例えば read & write です。

ア：read & write，読んで書く，ですね。

ヒ：そうです。まず音読をします。そして黒板の文を見ないでノートに書きます。見ないで書くだけのことですが，文をまず頭の中に残さないと書けないところがポイントです。書けなかったら，何度でも黒板を見て音読していいことにして，書く時だけは黒板を見ないルールにします。

ア：さらにもうひと工夫ありそうですね。

ヒ：阿野先生，完全に読んでいますね。クラス全体でリピートした後，先生は文の1語を消し，そこに下線を引きます。そしてまたリピートします。リピートするたびに消していくと最後は下線だけになります。そしてその下線だけを見てリピートして，ノートに元の文を復元します。

ア：まさにひと工夫ですね。

ヒ：教科書本文を振り返る場合は，ピクチャー・カードを黒板に貼り，もう一度その本文を聞いてもらいます。その後，生徒の状況に応じてシャドーイングやオーバーラッピング（100ページ参照）をします。

振り返りのための5分間

ア：最後の5分間を，生徒が自由に使える時間にすることもできま

すね。

ヒ：生徒が自由に使うっていうのはどういうことですか。

ア：私の前任校の大学でのことですが，Journal というタイトルの，表になったハンドアウトを渡しておいて，毎回の授業の最後にその日の授業記録をつけさせている先生がいました。記入項目は「日時」「学習内容の記録」「授業を受けての感想や疑問点」のようなものです。1枚に数日間の記録が書けるようになっていて，1回に書く量はほんの数行です。これを毎時間記入した後で回収して，簡単なコメントをつけて次の時間に返却していました。生徒にとっては自分で学習した内容を振り返ってまとめる機会になりますし，教師は生徒が書いている間に机間巡視をして，直接質問に答えたり，個人的に指導したりする時間を持つことができます。中学や高校でこのような実践をされている先生方も多くいます。

ヒ：そうですね。生徒自身で振り返ってまとめる意味は大きいと思います。私は今年の英語のクラスで，その授業で読んだり聞いたりして使った教材をもう一度さっと読んでもらい，そして自分のことを表現できる文を探し，自分のことに当てはまるように書くということをまとめで行っています。「もう一度さっと読む，そして自分のことを書く」と1粒で2度おいしい振り返りの時間になります。

ア：生徒による振り返りは，紙に書いて記録に残す以外にも方法はあります。私の場合は，授業でスピーチやスキット発表などの活動を行った日は，数人ずつのグループを作って，日本語で自由に話し合わせています。みんなの発表を聞いての感想や，良かったところ，あるいは改善できる点などを自由に出し合うことで，次回の発表に向けての目標を自分で立てるきっかけにもなります。教師が一方的にコメントをするよりも，このように生徒たちが意見を述べ合うほうが，自分の問題としてとらえることができますよね。

ヒ：そのとおりですね。自分たちで話をした後に，クラス内で共有できればさらにいいですね。

ア：そうなんです。いつもそれぞれのグループからのレポートまでやっているので，本当は最後の 10 分，場合によっては 15 分のひと工夫になってしまいますが。

次につなげる 5 分間
ヒ：授業の最後の 5 分間は，次回の授業につなげるための意味も持ちますよね。この点，高校ではどうですか。
ア：高校の教科書ではまとまった話を読んでいくため，1 つの話を数回の授業で扱うことが多いですよね。このため，授業の最後でその日に読んだパートのまとめを行うのと同時に，次回への橋渡しも必要になります。
ヒ：例えばどんなことをするのですか。
ア：ちょうどテレビの連続ドラマを見ているのと同じに考えればいいと思います。どのドラマでも，放送時間の最後に来週の予告がありますよね。
ヒ：そう，あれっていくつかシーンを見るだけで，これからどういう展開になるのか，何が起こるのかが気になって仕方がなくなりますよね。
ア：まさにそこがポイントなんです。教科書の次のパートにはどんなことが書いてあるかを，テレビの予告と同じように提示すればいいんです。そうすると，「しっかり予習をしてきなさい」なんて言わなくても，内容が気になって自分から進んで読んでくる生徒も出てきます。
ヒ：なるほど。テレビの予告編はほんの数十秒ですが，授業でも 5 分もかからずにできますよね。
ア：そうですね。「最後の 1 分にひと工夫」でしょうか。それはいいとして，中学で教えていた時にある生徒が言っていたことばを思い出しました。
ヒ：どんなことばですか。

ア：以前も話をしたように，授業でNHKラジオ講座「基礎英語」を教材として使っていたのですが，生徒たちは毎月のストーリーをとっても楽しみにしていました。それで，次の月のストーリーの内容を早く知りたくて，テキスト発売日になると書店に行って購入し，すぐに1か月分のストーリーを読んでしまうと言っていたんです。話がそれてしまいましたが，授業の最後にも，教科書の内容に関係した仕掛けをすることができるということです。「次の時間は関係代名詞をやるよ」なんて言っても楽しみにする生徒はほとんどいないかもしれませんが，ストーリーの展開を使えば，生徒の気持ちを動かせますよね。さて，太田先生の中学校での指導経験から，次の授業につなげるための仕掛けって何かありますか。

ヒ：教科書がストーリーになっている場合は，「この2人は一体どうなるんだろうか？」などと次への興味を持たせる質問をして，対話の後を考えさせることでストーリー自体に興味を持ってもらうこともしました。

ア：なるほど。いろいろとできますね。

ヒ：次につなげるという点では，宿題や課題の指示も授業の最後の時間を使いますよね。

ア：そうですね。家庭学習についても，ただ「しっかりと復習をしなさい」「ちゃんと予習をやってきなさい」というだけでは，こちらが狙っていることが伝わらないので，具体的に「復習や予習でやるべき内容」を示すことも，最後の5分間の使い方で大切になると思います。

臨機応変に

ヒ：いろいろとやることがあって，最後の5分だけでは時間が足りなくなってしまいそうですが。

ア：もちろんいくつものことをやる必要はないので，授業を終了するにあたってその日に一番必要で，効果的と思われることを選んでや

ればいいですよね。
ヒ：そのとおりです。あと1つ。今回の話のはじめにも出ましたが，授業の最初の5分は必ず確保できても，最後の5分は予定通りにいかないことが多いですよね。
ア：そうなんです。ここまで考えてきたように，最後の5分の工夫と言っても，目的も違えば実際に活動にかかる時間も違います。最後の5分の活動が，その日の授業にとってどうしても欠かすことのできない位置づけにある時には，この時間を最優先して確保するために，前の活動を途中で切り上げることも必要でしょう。授業は生徒の状況を見て臨機応変に対応していくものなので，予定通りにはいかないのは当然。最後の5分間も，授業の進行を考えながら，内容と時間を柔軟に変化させることですね。

コラム④　授業の始めに声を出させたい（2）

ア：太田先生は，授業の始めに声を出させたいと思う時にどのようなことをしますか。

ヒ：阿野先生のペア・シャドーイング，生徒が協力し合って思わず声を出す仕掛けになっていていいですよね。私はこれにちょっとひと工夫ならぬ，ちょっとひと加えをした例を紹介します。

　ペア・シャドーイングが終わったら，そのページのピクチャー・カードを黒板に貼ります。そしてそのピクチャー・カードを見て，生徒は同じペアで単語をできるだけ言います。それをクラスでチェックします。さらに単語の後は，ピクチャー・カードを見ながら文を言います。ペアで行うので，助け合いながらできます。そして，また教科書を開き，ペアでシャドーイングをします。「あっ，そうだ」「合っていた」「言えるようになってきた」など生徒たちはいろいろなことを感じると思います。

> # 6. イベントの実施
> 授業を活性化させるために

ア：太田先生は，中学や高校で楽しかった思い出ってどんなものがありますか。

ヒ：そうですね。まず修学旅行や遠足。文化祭や体育祭にも力が入りましたね。

ア：学校行事ですね。つまり，イベントで盛り上がっていたのですね。普段の学校生活に変化を与えてくれるイベントって大切ですよね。

ヒ：ははぁ。阿野先生は，英語の授業でもイベントが大切だって言いたいのですね。

ア：太田先生にはすぐ心を読まれてしまいますね。ということで今回は，イベントの実施によって授業を活性化させるための工夫について考えていきましょう。

イベント設定の目的

ヒ：イベントと言っても，大がかりなものから手軽に取り組めるものまでいろいろあります。

ア：太田先生は中学で教えていた時はどんなイベントを行っていましたか。

ヒ：何と言ってもスピーチコンテストです。中2と中3の9月に毎年開かれているものです。全員が必ずスピーチをすることが特徴で，まず各クラスで全員がスピーチをします。その後各クラスから代表者が3名選ばれ，学年全体のスピーチコンテストが行われます。(私

が勤めていた当時すでに30年の歴史がある英語科の伝統的な行事です。) 3年間の指導の中で、この2つのスピーチコンテストがとてもいい目標になっています。例えば2年生の9月のスピーチは「夏休みにしたことについて話すスピーチ」なので、それまでにあった過去のことを表現できるようになろうという目標を立て、そこに向かって日々の授業を作っていくことができました。

ア：なるほど。スピーチコンテストというイベントに向かって指導がつながっていたのですね。教師と生徒の向かうべき共通のゴールがあったということですね。他にはいかがですか。

ヒ：そうですね、主に1年生の3学期の「ALT新聞」ですね。

ア：えっ、ALTが新聞を書くということですか。

ヒ：違うんですよ。ALTではなくて、生徒がALTについて書く作品を「ALT新聞」と呼んでいたのです。

ア：なるほど、それでどのように作るのですか。

ヒ：まず生徒はALTにいろいろと質問をします。そしてその答えをもとに、画用紙1枚でALTのことをまとめます。ちょうど壁新聞のようなものです。新聞の内容はALTのプロフィールはもちろん、趣味のこと、日本についての印象など、生徒が自分で決めます。

ア：ということは質問をする時が大切になってきますね。

ヒ：そうですね。この活動は統合的な活動で、まず質問し、それを聞き、そして聞いたことを書きまとめ、最後はお互いにALT新聞を読み合うという流れです。

ア：これはいいプロジェクトですね。

ヒ：そう思います。新しいALTが来た時などにおすすめの活動です。ところで阿野先生は高校でどんなイベントを行っていましたか。

ア：高校1・2年生では秋のスピーチコンテスト。これは県大会の代表を決めるために、予選を経て代表者による本選という流れでした。3年生では、9月の学園祭でのクラス対抗英語ディベート大会です。この試合に向けて、生徒は4月から英語をブラッシュアップして

いきました。
ヒ：高校では，宿泊をともなう英語のイベントなどもあるのではないですか。
ア：そうですね。まずは2週間のオーストラリア研修。姉妹校の授業に参加するものですが，ホームステイの関係で，希望者の中から30名を選抜してのものでした。
ヒ：30名を選ぶのは大変でしょうね。
ア：はい。姉妹校の先生と連絡を取ってプログラムを組み，ホームステイの手配をします。かなり格安で行けるため，希望者が多かったです。それ以外にも，夏休みと冬休みには，これも希望者対象ですが，2泊3日で英語合宿をしていました。
ヒ：朝から英語を使って過ごすのですね。
ア：はい。こういう体験も普段はあまりないので，生徒にとっては貴重な機会です。

イベントを行う目的

ヒ：イベントを企画・実行する時に考えなければならないのは，なぜそのイベントをやるのか，目的を明確にすることですね。
ア：そうですね。目的がはっきりしていれば，いつ，どんな内容のイベントを企画すればいいかが見えてきます。
ヒ：期末テストの後に時間ができたから何かをしよう，というのでは，単発の活動に終わってしまいます。
ア：年度当初から，学期の学習内容の総まとめとして位置付けていれば別ですけどね。イベントを行う目的は，大きく分けて3つあると思います。
ヒ：まずは生徒がそのイベントに向かって学習していく目標になるものですね。先ほど話に出たスピーチコンテストやディベート大会がこれにあたります。
ア：そうですね。運動部が公式戦を目標に練習していくのと同じです。

そしてもう1つは、それまでに学習した内容を総復習する機会を作ることです。

ヒ：教科書の総復習を、イベントを通して行うということですね。習ったことを実際に使ってみる機会ですね。

ア：はい。私が中学生を教えていた時は、学年の創作スキット大会を開いていました。例えば、2年生の春に行う大会の目的は、1年生で習った表現や文法事項を総動員してオリジナルスキットを作るというものでした。

ヒ：スキットを作る過程で、教科書全体を何度も見直すように指導しているのですね。実際には、この復習と先ほどの目標という2つの目的を合わせて行うことが多いですね。

ア：そのとおりです。最後の1つは、イベントでトレーニングを行うものです。海外研修や英語合宿などがこれにあたります。これも事前指導を通して、生徒にとっては目標にもなります。

ヒ：つまりこの3つの目的は、結果的に2つ、あるいは全部が同時に成立することもあるわけです。

イベント実施にひと工夫

ア：クラス単独でイベントを行う場合には授業担当者1人でも実施可能ですが、学年や学校全体で行う場合には、やはり組織としての取り組みが不可欠です。1人の教員がリーダーシップを取ることは大切ですが、1人だけで実施してしまうと、ある特定の学年だけのものになったり、人事異動や予算の関係で、翌年は中止になったりということもあります。これでやる気を出していた生徒をがっかりさせることもあるので注意が必要です。

ヒ：先ほど話したスピーチコンテストは30年以上の歴史を持つイベントなので、英語科でビデオ撮影をする、審査員をするなど協力し合います。ALTにも審査員になってもらいます。また学年全体のスピーチコンテストは時間設定を年度当初に決め、学年・学校全体

の協力を得ます。また保護者にも案内を出しています。

ア：やはりそのような協力体制があるからこそ，効果的に，かつ継続的に実施できるのですね。私も保護者を巻き込みました。スキット大会を開く時などは，校長名で保護者あての案内文書を出していました。生徒の英語力の伸びを実際に見てもらうことができます。

ヒ：保護者に見てもらえれば，日頃の指導に理解を持ってもらえますよね。さて，ここまでは校内でのイベントを考えてきましたが，範囲を広げて外部に出ていくことも可能です。外部のスピーチコンテストに参加することもあります。

ア：そうですね。近隣の学校とディベートの試合をしたり，時には大学生と試合をしたりすることもできます。生徒のモチベーションは相当上がります。

ヒ：NHKラジオ講座「基礎英語」の「創作スキット・コント大会」なども，誰でもいきなり全国大会に参加できるいい機会ですよね。

ア：はい。毎年学校単位で取り組んでいるところも多くあります。このようにすでに用意されているものを，授業で取り組むイベントとして活用するのも１つの方法だと思います。

イベントに向けた事前指導と事後指導

ヒ：イベントを実施する一番のメリットは，イベントに向けた指導の中で生徒が力をつけていくことです。

ア：逆に言えば，準備の過程で英語力をつけていくようなイベントを企画することですね。例えば夏のオーストラリア研修に向けては，４月の段階から毎週ミーティングと課題をこなして，出発までにできる限り英語力を上げる努力をします。

ヒ：私も同感です。スピーチをすることは大切ですが，その準備段階はそれと同じぐらい大切だと思っています。スピーチを作るにあたって，それまでの復習ができ，これが英語力を伸ばす助けになるからです。スピーチコンテストに向けての事前指導は次のようなこと

をしました。まず動機づけとして先輩のスピーチをビデオで見せます。これで「あの先輩が…すごい！　私もがんばる！」と思わせます。

ア：あの先輩って，阿野先輩ですか。

ヒ：う，ううーん……

ア：失礼しました。続きをどうぞ。

ヒ：その後，先輩たちが書いたスピーチ原稿を読み，どのようなスピーチか5W1Hでメモを取ります。まずたくさんスピーチを読んでもらいます。そしてやっと書くことが始まります。

ア：私もスピーチコンテストやディベート大会に向けて，1か月間くらい毎日，生徒と昼休みや放課後も準備に取り組んでいた思い出があります。

ヒ：この過程で英語学習に意欲を高めていく生徒もいれば，イベントが終わった後に，次の学習にうまくつなげていく生徒もいます。以前，私と同様，大変シャイな生徒がいました。

ア：太田先生，シャイの意味が違いますよ。

ヒ：えっ，そうですか。

ア：わかっていませんね。まあそれは置いておいて，そのシャイな生徒がどうしたのですか。

ヒ：はい。その生徒は前に出て発表するのがとても苦手でした。中2のスピーチでは，教室の後ろにいる私がほとんど聞き取れない声の大きさでした。「聞き手に届かないとせっかくのスピーチがもったいないよ。授業で相手に聞こえる音読をしてみようよ」と話しました。その生徒の音読を聞く機会があると，「おっ，聞こえるようになってきたよ」などと励ましました。その生徒は中3のスピーチが終わった時，「先生，今度は私の声聞こえたでしょ」と言いに来ました。その時のその生徒の表情は今でも忘れられません。とてもうれしそうでした。スピーチコンテストを2年続けて行う意義をまさに実感しました。

ア：すばらしいですね。この生徒は，スピーチコンテストのおかげで一歩先に進むことができたのですね。私が忘れられないのは，ディベート大会の直後，試合に負けてずっと泣いていた女子生徒です。「あんなにがんばったのに負けて悔しい。でも悔いはないです」と言った彼女。高校卒業後は海外の大学に進学しました。

ヒ：イベントは，生徒だけではなく，私たち教師にも「生徒のためにがんばるぞ」という気持ちを起こさせてくれますね。

ア：「大変だったけど参加してよかった」という生徒，「準備と指導に時間がかかったけど，実施してよかった」という教師。これがイベントなのですね。

コラム⑤　ちょっと困った時にひと工夫

ヒ：授業はこちらが予想したとおりに行かないことがよくあります。ちょっと困ったときにどう対処するのか，その方法を多く持っておくことが授業の腕を上げるために必要です。

例えば What do you think of this problem? など，自分のことを答える質問に生徒が答えることができない時にどうしたらいいでしょうか。まず生徒が答えることができないのは困ったことではなく，チャンスと考えてみてはどうでしょうか。つまり今できないことがわかったのですから，そこで指導することにより，伸びる機会がやってきたと，とらえることもできると思います。

「日本語で答えてもいいよ」「単語だけでもいいよ」などまず何が英語で言うことができないのかを引き出してみます。その後「みんなで考えてみよう」とペアで考えさせます。生徒の様子によってヒントを出すのもいいでしょう。

ア：困った時はクラスみんなで考える，これは私もよくやります。

7. 受験指導
本当の受験指導とは？

ア：太田先生，先生方の研修会などで指導法について議論した後，「でも受験があるから」という声をよく聞きますよね。

ヒ：こうした声は，おそらく高校の先生方からの方が多いかと思いますが，中学の先生の中にも受験とコミュニケーションを別に考える方もいらっしゃるようです。

ア：生徒にとって進路はとても大切なものなので，授業の中で受験指導を行うのは当然のことです。

ヒ：問題はその方法ですね。

ア：つまり受験のためと言いながら行っている指導が，実際には受験に結びついていないケースもよく見られます。

ヒ：ということで，今回は受験指導をテーマに取り上げましょう。

受験指導はいつから

ヒ：生徒たちは，中学3年生，そして高校3年生になると，いわゆる受験勉強という名の勉強を始めることが多いですね。

ア：あるいは部活動を引退してから本腰を入れることもあるでしょう。でも「受験勉強」っていったい何なのでしょうか。

ヒ：阿野先生，いきなり大きなテーマですね。

ア：言葉の定義を間違えると話がややこしくなるので。当然，受験を勝ち抜くための英語力を身につける「受験指導」は，中学や高校の3年間を通してやっていくと考えていいですよね。

ヒ：つまり，先ほどの「受験勉強」は，得点力を上げるための「受験対策」と定義するということですね。

ア：そのとおり。つまり受験対策は，しっかりとした実力を身につけた上で，得点できるようにテクニックを磨いていくということです。

ヒ：阿野先生が言いたいこと，わかりました。中学や高校に入学したとたん，いわゆる受験対策用の問題集で穴埋め問題を解いたりしていても，受験で成功する実力はつかないということですね。

ア：よく大学生からTOEICの得点を上げるには，どの参考書や問題集を勉強したらいいかという質問を受けます。

ヒ：私もですよ。阿野先生はどう答えますか。

ア：まずどんな問題が出題されるかを知るために問題集を解いてみるのはいいと思います。でもそのまま問題集だけをやっていても，得点は大きくは伸びないということを説明します。

ヒ：まずは英語力をつける学習をするように言うのですね。

ア：そのとおりです。たくさん英語を読んだり聞いたりして，音読もする。こうして英語そのものの力をつければ，当然得点も上がっていきます。

ヒ：その後で問題集などで形式に慣れれば，さらに得点が上がるということですね。

ア：受験も全く同じです。1・2年生のうちにしっかりと基礎になる力をつけていなければ，3年生でたくさんの入試問題を解いても，頭打ちになってしまいますから。

何を指導するか

ア：太田先生は，公立中学で教えていた時に，受験を意識した指導をしていましたよね。

ヒ：はい，と言えないところがつらいです。

ア：またまた若き日の過ちですね。

ヒ：今度は，はい，です。音声中心の授業をしていて，話すこと，聞

くことは負けないという勝手な自負がありました。話したことを書く活動もしていたので，書くこともそこそこ大丈夫でした。でも読むとなると，教科書の本文をセクションごとに読む力はつけましたが，それ以上は…

ア：太田先生，声に力がなくなってきましたね。

ヒ：はい，残念ながら，入試の長文対策というか，一度に多く読ませることは，若き日の私はしませんでした。塾任せだったのです。

ア：その後は反省して変わったのですか。

ヒ：変わりました。セクション毎ではなく，1レッスン全部を一度に読ませる活動を入れるようにしました。最初はただ読ませるだけでしたが，困っている生徒の様子を見て，「各段落の最初の文を読んでいくことで概要がわかるんだよ」と教えたりしながら読ませました。受験指導を意識して，と言えば言えるのですが…

ア：でも受験指導として意識はしていなくても，結果的に生徒は英語力をつけていたので，救われたのですよね。

ヒ：そうだといいのですが。

ア：太田先生，私たち大学の教員はセンター入試の試験監督をしますよね。実は2年続けて，とてもショックなことがあったのです。

ヒ：えっ，それは何ですか。聞きたいですね。

ア：数年前の試験でのことです。机間巡視をしながらふとある受験生の問題用紙に目をやると，何と長文の語句を○や□で囲みながら，修飾関係を矢印で結んだりしているではないですか。

ヒ：そんなことをしていたら解答時間が足りなくなってしまいますね。

ア：心の中で「そんなことをしていたら時間がなくなるぞ！」と叫んでいました。当然のことながら，その1題の英文でほとんどの時間を費やしてしまったようでした。

ヒ：きっとこの生徒は，高校の授業で英文に印をつけながら分析的に読む練習しかしていなかったのでしょうね。

ア：このような読み方も時には必要かもしれません。しかしこの生徒の場合，受験という意味では大きなマイナスに働いてしまったのです。

ヒ：もう1つのショックな出来事って何ですか。

ア：その翌年のセンター入試でのことです。ある生徒が，英文の単語の下に日本語の訳語を書いていき，その日本語をつなげて意味を取っている様子でした。

ヒ：これも時間がなくなりますね。

ア：本当にかわいそうでしたね。単語を文脈から把握する指導を受けずに，英語と日本語が一対一で対応する単語集などを暗記して受験勉強を進めてきたのではないかと推測できます。

ヒ：このような読み方では正確に英文の意味を取ることはできないので，正解を出せませんね。

ア：どの受験生にとっても，入試問題に未知語が1つもないということはまずないと思います。だからこそ，知らない単語でも意味を推測して読むような，本当の意味の受験指導が必要なのです。

入試問題を研究する

ヒ：単語が話題に出ましたが，受験指導というともう1つ感じることがあります。

ア：それは何ですか。

ヒ：「とにかく文法」という先生方が多いと感じます。

ア：「受験指導＝文法問題演習」という構図ですね。

ヒ：そうです。文法問題集を学習することで受験対策を狙っているのだと思いますが，問題集を解き，解説をしていく，という授業です。

ア：とにかく問題演習をたくさんこなせば力はつく，という考えですね。ただ答え合わせをして終わりという場合もありますよね。

ヒ：残念ながら…文法の問題演習も大切だと思いますが，文法だけで終わらせるのはもったいないと思います。問題演習をして知識とし

て得たものを，今度は長文やリスニングでもう一度触れる，または書くことで使う，などの合わせ技を用いるといっそう効果的だと思います。例えば長文を読んでいて，「この段落から，現在完了形の文を探して意味を考えてみよう」と指示をすれば，文法問題演習で学習した文法事項を別の文脈で復習することができると思います。

ア：これは高校でも同じ。というより高校の方が当てはまるかもしれません。とにかく文法の問題集を1問ずつ解きながら，1冊仕上げることが受験への近道と考えている場合もあります。

ヒ：センター入試をはじめとして，こうした文法知識をストレートで問う問題は，今ではかなり少ないですよね。

ア：そうなんです。英文を読んでいくために文法を使いこなせるようになっていないとだめなんですね。それに，設問を解くために必要となる文法知識も実は限られているんですよ。

ヒ：もう少し説明してください。

ア：『教科書だけで大学入試は突破できる』(2009，大修館書店) という本におもしろいデータがあります。360 もの大学・学部の入試問題を詳細に調べ，「その文法項目を受験生が知らないと正解できないかどうか」という基準で出題頻度をカウントしています。

ヒ：受験に必要な項目は決まっていることがはっきりとわかりますよね。

ア：形式主語 it の構文の 92 回を筆頭に，10 回以上出題されているのはたった 14 項目。そして一度も問われていないものには there is no 〜 ing, might as well ... as 〜 などがあります。

ヒ：教師が入試問題の実情を知らないで指導しているケースがないとは言えないかもしれませんね。

ア：実は私も以前，何となく感覚で「これは入試に出るぞ」と話していたことがありました。

ヒ：若き日の阿野先生ですね。

ア：ところがある受験用の問題集を書いていた追い込みの時期のこと

です。2月から3月にかけて，毎週2・3回，出版社から終わったばかりの最新の入試問題を送ってもらって執筆していました。その問題を見ながら，私がそれまで考えていたものとはかなり違う問題形式で出題されていることに気づかされ，大いに反省したことがあります。中には英語によるディベート形式の問題文を読み，賛成や反対の意見を書かせる問題まであったのは驚きでした。

ヒ：教員の入試問題研究，受験指導をするためには必要不可欠ですよね。

教科書で受験指導

ア：先ほどの本のタイトルにもありましたが，実は入試の基礎力は教科書でも十分につけられると言えます。

ヒ：そうですね。先ほどレッスン全体を読ませる指導をした若き日の話をしましたが，その後は，「ただ読め」からの脱出を試みました。

ア：「ただ読めからの脱出」，映画のタイトルみたいですね。内容を聞きたいですね。

ヒ：まず中学1・2年の教科書を1時間でできるだけ多く読ませ，5W1Hでメモを取らせる課題を与えました。レベルが1段階下なので，生徒は多く読めてしまうのです。これで自信をつけさせました。次に，代名詞が何をさしているかを考えさせたり，接続詞を空欄にして何が入るかを考えさせたりする指導をしました。これによって文と文のつながりに気をつけて読む指導をしました。

ア：そして最後は…

ヒ：パラグラフです。各段落の第一文に筆者の言いたいことが来れば，その後には具体例が来るなどの構成を読み取らせることをしました。

ア：高校の教科書も，いろいろな方法で入試対策として使えます。

ヒ：例をあげてもらえますか。

ア：大学入試では短時間で多くの英文を読みこなす力が求められます。そこで太田先生の例と同じように，まずは時間を決めて1つのレ

ッスン全体を読み通すことから始めてはいかがでしょうか。1文ずつ日本語に置き換えて読んでいるだけでは，入試問題とはかなりかけ離れた世界での読解練習になってしまう可能性があります。

ヒ：速読ですね。なるほど，これならすぐにでも一歩を踏み出せますね。生徒のためにも，しっかりと英語力を伸ばす指導を通して受験の手助けをしたいものですね。

●参考文献
金谷憲編著（2009）『教科書だけで大学入試は突破できる』大修館書店

コラム⑥　入試のライティング（30〜40語）対策にひと工夫

ヒ：入試対策として，3年になってから急に書かせるのではなく，1年生から書く機会を作るというのがベストだと思います。まずは1文から書かせる活動を考えましょう。一番簡単なのは，習った新出文法事項を使って自分のことを書かせる活動です。書いたことをクラスでシェアすれば，どう書いたらいいのかがわかります。正しく書くことができなくても発想が豊かな生徒はいます。こういう生徒が書いた文を正しく書き直してモデルとして示すといいと思います。

　1文書くことに慣れてきたら，次はもう1文プラスさせるなどしてだんだん増やしていくといいでしょう。

　では，3年生になったけれども書くことに慣れていない場合は，どうしたらいいでしょう。その場合は帯活動などの時間を使って，中1，2の教科書をさっと読ませて，その内容を書かせるのはどうでしょうか。内容を理解するのが簡単なので，書くことに意識が集中できます。

ア：中3の時に，中1，2の教科書を見直してライティングに持っていく，いいですよね。教科書の再利用はどんどんしたいですね。地球に優しいし。

第2部

各技能の指導方法

8. リスニング
ただ聞かせるだけじゃもったいない

ヒ：今回はリスニング教材，リスニングタスクをどう使うかということでひと工夫を考えましょう。

ア：リスニングタスクは，教科書にも載っているし，いろいろな教材が出ていますよね。

ヒ：そうですね。リスニング活動をする授業を見ていてよくあるのが，リスニングがテストになっていることです。

ア：リスニングがテスト，と言うと？

ヒ：聞かせて答え合わせをして終わりというパターンです。もちろん授業で生徒に英語を聞く機会をできるだけ与えるという点ではいいと思います。ただせっかく聞かせたのに答え合わせだけでは…

ア：全く同感です！　ただ聞かせるだけの授業，結構ありますよね。太田先生ならどうしますか。

Listen carefully と言わずに，2, 3 度聞かせる

ヒ：まずいきなり答え合わせはしません。

ア：答え合わせの前に，生徒の様子を見ながら，また何度か聞かせるということですね。

ヒ：そうですね。生徒の理解度によりますが，2 度，3 度と聞かせます。

ア：2, 3 度聞かせることは大切ですよね。でも，ただ繰り返して聞かせてもあまり効果がないですよね。よく Listen carefully! とだけ指示をする先生もいますが…

ヒ：私は20代の頃，「先生は Listen carefully. と指示してはだめです。Listen carefully. と言われても，生徒はどう carefully に聞いていいかわからないからです」と言われて，「なるほど」と思ったことがあります。そこで2度目を聞かせる前に，「強く発音されている語句に注意して聞いてみましょう」「場所を表す語句に気をつけて聞きましょう」など，答えに関連する具体的な指示を与えた後，聞かせるようにします。

ア：具体的な指示がポイントですね。

ヒ：また1度目を聞かせた後，生徒を2人一組にして，答え合わせをさせることもよくします。

ア：ペア・ワークはここでも使えますね。

ヒ：そうです。私は「ペア・ワークはお互いに教え合い，助け合い，2人で伸びていく場だよ」といつも言っています。したがってここでの指示は "Okay, check the answers with your partner. Help each other." と言います。生徒は「ねえ，ここどう言ってたの？」「ここはこう言ってたんじゃないかな？」「あっ，そうか！」などと言いながら確認したり，教え合ったりしています。

ア：こうして教え合うことがペア・ワークの利点ですよね。

ヒ：そうですね。そして先生が聞き取るためのヒントを与え，ペアでチェックした後，もう1度聞くと，「あっ，そうか！」「なるほど」などという声が聞こえたりします。私は教室で「あっ！」と思わせることがとても大切で，これが学びを促進することになると思います。

ア：生徒に学ばせる，ですね。2, 3度聞かせる際に他にひと工夫できることは何でしょうか。

ヒ：ある程度のまとまりでポーズを取ることも，生徒の理解を助けることになると思います。

ア：そうですよね。ポーズを取ると，その間に生徒はそこまで聞いたことを頭の中で処理する余裕ができますよね。

ヒ：ポーズは1文ごとではなく，段落などあるまとまりで取ることがポイントになると思います。

ア：スピードを遅くして指導をする先生もいますが，太田先生はどう思いますか。

ヒ：これはその場ではいいかもしれませんが，結局スピードに慣れることにはならないと思います。

ア：そうですよね。遅いのが聞けても，その後いつものスピードに戻ったら聞けなくなりますよね。

ヒ：CDの代わりに先生がスクリプトを読むのはいいと思います。先生ならティーチャー・トークと同じ要領で，生徒の理解度を見ながら話しかけるように読めて，ジェスチャーなどnonverbalな部分も生かせるので生徒の理解の助けになると思います。

ア：話はちょっと脱線しますが，リスニングは慣れが大きいですよね。まず英語の音に慣れるという点ではティーチャー・トークの果たす役割は大きいですよね。

ヒ：そう思います。先生が授業の最初に挨拶をした後，学校に来る前にあったこと，生徒が興味を持ちそうなニュースなど，時々ちょっとしたスモール・トークをすることは，リスニングに慣れるためにはとても大きな役割を果たすと思います。

ア：そういう話には，日本語であっても英語であっても，生徒は興味を示しますよね。太田先生はどんなことを話すのですか。

ヒ：私は電車をよく乗り過ごしますので，そのこと，そして傘を車内に忘れてしまうことですね。

ア：先生の失敗談なんていいですね。乗り過ごして，「あっ！」という表情の太田先生，目に浮かびますね。

ヒ：この場合の「あっ！」は英語の学習に役立ちませんが…。さて本題に戻りましょう。2, 3度聞かせる話でしたが，CDを使う時に，答えに関連した部分の前で止めて，「ここからポイントだよ」と言って注意を喚起することもできますね。

ア：どんどん出てきました。まだありそうですね。

ヒ：語彙の面で補強してあげる，つまり語句の意味と発音をヒントとして教えてあげることも，生徒の状況によってはいいと思います。ある時，生徒が「先生，醤油，醤油ってよく言うけれど，それ何？」と言うので，"show you"と教えてあげたら，「何だ，そうか」と言っていました。

1度で聞き取れた生徒へのケア

ア：音の変化などが原因でつまずいていた生徒にとっては，そこがクリアーできれば全体がわかる場合が結構ありますよね。ところで2, 3度聞かせるのは1度で聞き取れなかった生徒にはいいですが，すでに聞き取れた生徒はどうしますか。

ヒ：1度でわかってしまった生徒にはさらに次のタスクを与えたらいいと思います。

ア：でもそのためにまたプリントを作ることになったら，先生の手間は大変ですよね。

ヒ：そうですね。それでは「ひと工夫」ということにはならないので，あまり手間のかからないタスクを考えます。例えば次のようなことが考えられます。
  ・他に聞き取れた語句を書かせる
  ・どうしてその答えだと思ったか，その根拠になった部分を書かせる

ア：できた生徒には休む時間を与えるのではなく，もう一段階上を目指させるのがいいですね。

ヒ：そう思います。私が一番よく使うのは，根拠となった語句を書かせることです。これを課すと生徒はより深く聞き取ろうとします。答え合わせの時はHow did you know? と尋ねます。そして生徒は根拠となった語句を答えます。阿野先生は1度聞かせた後，他にどんなことをしますか。

ア：ペアまたは3人グループで聞き取った情報を持ち寄る時間を取ります。これによってそれぞれの生徒が聞き取れなかった部分を補えます。例えば40％理解できた生徒と60％理解できた生徒がペアになれば，お互いの情報を共有することで，2人とも少なくとも60％以上理解できるだけの情報を持って2回目を聞くことができますよね。自分たちで努力していくほうが，教師から一方的に100％の情報を与えて終わらせるよりも，聞こうとする態度を持つようになってきます。

ヒ：これも生徒の助けになりますね。

どうして聞けなかったかを確認する

ヒ：こうして2，3度聞かせた後，答え合わせをします。さてその後も大切です。

ア：答え合わせの後で，聞けなかった原因を確認する作業をするんですね。どのようにしますか。

ヒ：まず先生がもう1度聞かせます。

ア：ちょっと待ってください。また聞かせるのですか。

ヒ：ただ聞かせるだけなら "Listen carefully." と同じですよね。答えの部分がわかった生徒には，目を閉じて会話の場面を想像する，答え以外の部分で聞き取れたことをメモするなど具体的に指示をします。

ア：この段階で答えの根拠になった語句を書かせてもいいですね。では，答えがわからなかった生徒には？

ヒ：2度聞かせる時と同じですが，答えの部分になったところの前で一旦止め，その部分を繰り返し聞かせます。

ア：またはキーワードに注目させるために，黒板に答えのヒントになる語句を書いて，それを見ながら聞かせてもいいですね。

ヒ：それもできますね。その後，私はリスニングのスクリプトを配ります。

ア：スクリプトを使ってもいろいろできそうですね。

ヒ：そうですね。まずスクリプトを見ながら，もう1度聞き，聞き取れなかった部分にアンダーラインを引きます。

ア：答えの部分にアンダーラインを引かせることもできますね。

ヒ：そしてどこが聞き取れなかったかをこちらで確認します。多くの生徒が聞き取れなかった箇所については，説明し，その後，発音練習をします。

ア：どういう箇所が多いですか。

ヒ：主に語句と音変化の部分です。文字を見ればわかるのに，音で聞くとわからない部分が多いですね。

ア：「バライと聞こえていたのは，なんだ，But I じゃないか！」といったものですよね。

ヒ：そうですね。この「なんだ！」と思わせる場面を作ることも大切だと思います。

答え合わせが終わったら

ア：発見は学びへの近道ですからね。この確認をした後はどうしますか。

ヒ：どう発音するのかを確認した後は，音読をします。私は生徒に「こうやって一つ一つ音のデータベースを作っていくといいんだよ」と言って音読をさせます。

ア：音読で定着させるということですね。生徒もこういう場面で音読練習の意味を感じますよね。

ヒ：そうだと思います。そして仕上げにスクリプトを見ないでもう1度聞かせます。この段階で「なるほどね。確かにそう聞こえるよ」と生徒に思ってもらうのがポイントです。阿野先生は答え合わせの後，他に何かしましたか。

ア：音読の後に，教科書の英文を見ながらモデルの音声に声をかぶせて読むオーバーラッピングをさせることもあります。教材によって

は難易度も高いのですが，英語のリズムや音変化を自分で体験するという意味では，リスニング力向上はもちろんのこと，スピーキングへの橋渡しにもなりますよね。

ヒ：なるほど。2人で話しているといろいろ出てきて楽しいですね。ここまでは内容の意味理解について話してきましたが，最後に意味が理解できた後で，形にフォーカスさせることもできると思います。例えば，あるリスニングでlook＋形容詞の文がターゲットとして使われていたら，スクリプトを見ながら聞かせる際に，「look＋形容詞の文にアンダーラインを引いてみましょう」と指示して聞かせることができます。

ア：答え合わせはまずペアで，ですね。

ヒ：そうですね。アンダーラインを引いた文をお互いに音読し，意味を確認するといいと思います。

ア：スクリプトを配る前だったら，ターゲットの文をディクテーションさせることも可能ですね。

ヒ：そしてターゲットの文を使って自分のことを言う，書くことにつなげることもできますね。

ア：いろいろ広がりますね。やはり聞かせて答え合わせ，だけではもったいないですね。

ヒ：そうですね。そして，最後にもう1つ。1度聞かせたリスニングタスクを，しばらくしたらまた聞く機会を与えると，生徒に伸びを実感させることができますよね。

9. スピーキング
教科書を使い，できるところから

ヒ：日本人はよくシャイだと言われますよね。でも違うと思うんです。生徒たちは休み時間はよくしゃべっているではないですか。

ア：そうですよね。でも授業になるとこれが…と言いたいんですね。

ヒ：そうです。生徒たちの休み時間のエネルギーを授業にも生かしたいですね。

ア：そこでスピーキング活動にひと工夫を…と言いたいんですね。

ヒ：今回も阿野先生には先を読まれていますね。そうです。シャイな私でも大丈夫なスピーキング活動を考えていきましょう。

ア：うーん（汗），そう来るとは読めませんでした。わかりました。始めましょう。

できるところから気軽にスピーキング活動

ヒ：スピーキング活動の第一歩はできるところから気軽に行うことだと思います。

ア：これはいいキャッチフレーズですね。具体的にはどのような場面が考えられますか。

ヒ：あらゆる場面です。例えば，文法問題を解いた後，答え合わせをした文を音読します。そしてその一部を変えて自分のことを相手に言う。こんなことでもスピーキング活動の第一歩になります。まずは口を開く，そして習ったことを自分のことに置き換えて言ってみる，という流れです。

ア：文法問題もスピーキング活動にできるというのはいいですね。まず口を開く機会を作るということですよね。1つ質問があります。文法問題の文を音読するのはすぐにできますが，それを自分のことに置き換えて言ってみるというのは難しいのではないですか。

ヒ：そうです。そこで先生の出番です。生徒がその文法事項を使って，自分のことがうまく言えない時には，「言える範囲でいいよ。途中まででもいいよ，後は助けるから」と言っています。

ア：なるほど。つまり生徒は自分で言える範囲で言った後，先生がそれをきちんとした文で言い直してあげるのですね。

ヒ：そうです。そうすれば，先生が言い直した文を聞いて，「ああ，こう言えばいいのか」と生徒に思ってもらえます。

ア：文法問題以外ではどんな場面で「できるところから気軽にスピーキング活動」をしますか。

ヒ：いいキャッチフレーズになりましたね。教科書本文です。教科書を音読した後，少し変えて自分のことを言うことができる文を探させて言わせます。

ア：教科書本文はスピーキング活動に欠かせないですよね。

ヒ：阿野先生，教科書について言いたそうですね。では，「阿野版・できるところから気軽にスピーキング活動」を教えてください。

ア：はい。中学の教科書に比べて高校の教科書本文はずっと長くなります。大学入試を意識した3年生になると，さらにまとまった英文を読むようになります。

ヒ：1つのレッスンを何時間もかけて学習することになりますよね。

ア：そうです。すると私たち教員は，本文全体を読み終えてから，スピーキング活動を取り入れようと考えがちです。

ヒ：阿野先生は，高校でも「あらゆる場面で」と言いたいのですね。でも，リーディングの途中では難しいのではないですか。

ア：例えば私たちが長編小説を読んでいる時も，最後まで読み終わらないと，その小説について友達と話さない，ということはないです

よね。「今○○を読み始めたんだけど，おもしろいよ」などと，途中でも感想を言いたくなります。そういえば太田先生，この前も「阿野先生，この本，まだ最初の方しか読んでないけれど参考になりますよ」と教えてくれましたよね。

ヒ：そう言えばそうでした。

ア：このように，本文の内容，あるいは教科書に載っている印象的な写真についてペアでちょっと意見交換してもいいし，本文についてのQ&Aの答え合わせを英語でさせるだけでもスピーキング活動になります。

ヒ：なるほど，教科書，十分に使えますね。

スピーキングにつながるインプットを大切に

ア：さて太田先生，第二歩目は何ですか。

ヒ：インプットをたくさん与えることです。

ア：えっ，ちょっと待ってください。今日はスピーキング活動，つまりアウトプットですよ。

ヒ：そうです，アウトプットのためのインプットです。生徒同士のスピーキング活動に急ぎすぎている授業を最近よく見ます。生徒に少しでも話す機会を与えたいのはわかりますが，まだ準備ができていない段階で話させるのはちょっと無理があると思います。

ア：そこでインプットの登場ですね。なるほど，太田先生が言いたいこと，わかりました。

ヒ：言葉足らずですみません。この場合のインプットはアウトプットするためのいいモデルになります。インプットをたくさん与える，つまり例をたくさん示すことで，アウトプットがよりやりやすくなると思います。

ア：これは太田先生の若き日の失敗からの教訓ですか。

ヒ：うーん，また読まれましたね。私は以前，モデルを1つだけ提示して，クラス全体で練習して，その後ペア・ワークまでを1時

間でさせてしまいました。授業後に生徒が「先生，今日の授業ちょっと無理があったよね。いきなりは無理だよ」と言ってくれました。

ア：いい生徒ですね。生徒が私たち教師を育ててくれますからね。

ヒ：そうなんです。生徒は協力してくれたように見えても実は無理をさせてしまいましたね。高校でもスピーキングにつながるインプットは大切ですよね。

ア：大切どころか，インプットがなければアウトプットは不可能です。

ヒ：ではどんなインプットを用意すればいいのでしょうか。

ア：高校はインプットに関しては恵まれています。

ヒ：と言うと。

ア：教科書が何よりのインプットになるからです。それぞれの教科書は，「高校生の心に届く」題材を厳選しています。扱っている分野も人物や環境，社会問題から科学まで，生徒が興味を持ちそうな話題を提供してくれています。写真についても，それだけで語ることができるくらいの質と量があり，とても充実していますよね。

ヒ：つまり目の前に話せる話題があるということですね。

ア：それだけではありません。教科書には，その話題を話す時に必要な語彙もたくさん出てきているので，それをリサイクルして使うことができ，そして自分で使ってみることで，その語彙を覚えていくという良い循環も可能になります。

ヒ：教科書だけでも足りるということでしょうか。

ア：そうは断言できませんが，ほとんどの部分を教科書で補えます。必要に応じて，話すための簡単な言い回しをハンドアウトで与えたり，題材に関連した記事を読ませたりすれば，さらに話は膨らみます。でもまずはあまり欲張らずに，教科書を軸に短い時間でスピーキング活動を行うのが継続する秘訣ではないでしょうか。

教師とのインタラクションを大切に

ヒ：スピーキング活動には教師の出番が欠かせません。

ア：生徒とのインタラクションが大切だからと言いたいのですね。
ヒ：そうです。先生が生徒とインタラクションをすれば，生徒がうまく言えない時に助けて言い直させることができます。そしてそれがその生徒と他の生徒たちへの良いインプットになります。
ア：そうですね。教師の役割は大切ですよね。生徒同士だけではできない点ですね。
ヒ：もちろん，いつもうまくいくとは限らないのですが，私は良い意味で「私もスピーキング活動に入れてよ」という気持ちでいます。
ア：入れてよ，いいですね。教師が話しすぎるのではなく，生徒にたくさん話させる。このために，教師が場面を設定して導いたり，途中で困っている生徒に表現のヒントなどを与えたりするための「入れてよ」ですね。

バランスを考えましょう─自分・他人・教科書

ヒ：次に考えていることはバランスです。
ア：これもキーワードですね。
ヒ：はい。自分のことを言う活動を考えたら，他人のことを言う活動はできないかと考える，これが大切だと思います。
ア：わかります。どうしても自分の得意な活動に偏ってしまいがちですよね。自分，他人のことだけではなく，教科書の内容について話すという活動もできますよね。
ヒ：そうですね。今まであげたものは「何（what）を話す」ですが，「どうやって（how）」を考えると，「準備して話す活動」と「即興で話す活動」を考えることも大切ですね。
ア：ここで私が気になっていることがあります。
ヒ：阿野先生，それは何ですか。
ア：はい，高校の授業で話す活動を取り入れる時に，スピーチに偏っている場合が見られることです。原稿を書いてそれを読み上げるだけで終わってしまうこともあります。

ヒ：「準備して話す」だけで終わらせないということですね。
ア：はい。即興スピーチをやった後に質問はよく行いますが，全員の前で質問する生徒はどうしても限られてしまいます。そこで，スピーチの話題をきっかけにして，まず2人一組のペアで聞いたばかりのスピーチについて，短い時間で感想を話させることもできます。
ヒ：これならば全員の生徒がスピーチを聞く必然性も生まれますね。
ア：それも狙いの1つです。そしてこのペア・ワークで話題になったことがあれば，クラス全体で取り上げることもできますね。

ALTと実践練習
ヒ：スピーキング活動で忘れてはいけないのはALTの活用です。
ア：そうですよね。ネイティブ・スピーカーと話せるようになりたいという気持ちは大きな動機になりますからね。
ヒ：阿野先生はスピーキング活動にどのようにALTを生かしていましたか。
ア：ALTとのTTを「特別番組にしない」ということです。
ヒ：つまり教科書を離れてはもったいない，ということですね。
ア：先ほどから教科書題材を利用することを話してきましたが，生徒がALTに教科書の内容について説明する活動や，ALTの意見を求める活動などに発展させれば，一連の指導の中でALTを生かすことが可能ですし，そのほうが普段の授業との相乗効果は大きくなります。
ヒ：私も教科書本文を使うことに賛成です。ALTと授業というと教科書の会話文部分を使いがちですが，それだけでなく，本文の題材について生徒に思っていることを言わせるためにも，まずALTが話し，そして生徒に意見を求めるという流れはどうでしょうか。
ア：生徒がうまく言えない時は，ALT，そして私たち教師が助ける，ですね。
ヒ：そうです。スピーキングはいつもスムーズにいくわけではないか

ら，インタラクションをしながら，作り上げていく場面も大切だと思います。

ア：私たちの対談もそうですね。

コラム⑦　私が影響を受けた（すごい）授業・先生（1）

ア：私たちはいろいろな先生たちから影響を受けていますよね。今，私たちがあるのはそうした先生方のおかげですよね。

ヒ：そのとおりです。数えきれないぐらいの先生から影響を受けています。まずは長勝彦先生。私が研究授業の指導案について相談に行った時に，「太田さん，どうしてペア・ワークの後に生徒たちに発表させないの」とアドバイスをくださいました。私は「生徒たちには無理だ」と最初からその可能性を否定していました。それを覆した長先生の一言。あの一言がなければ私の授業は広がりを見せなかったと思います。教師は生徒の力を過少評価している場合がよくあるのですが，あの時の私はまさにそうでした。長先生にはそのことを教えていただきました。

　もう一人は British Council の Michelle 先生。当時，土曜日の午後，部活後に駆け付けて参加していた日本人英語教師用コースの先生でした。私に elicit の大切さを教えてくれた先生です。Michelle 先生は，例えば Teaching vocabulary というトピックで授業をする際に，「語彙指導はこういうものです」と最初から教えるのではなく，「語彙指導で大切なことは何だと思いますか」と私たち生徒（受講生）から考えを引き出します。私たちがいろいろ言う意見を「いいわね」「なるほど」とコメントしながら黒板にまとめていきます。そしてその後，板書した内容に触れながら自分の意見を述べていきます。

　当時の私には衝撃的でした。まず生徒の知っていることを引き出す—elicit することの大切さを学びました。

　まだまだ数多くの先生から学んだのですが，それは次回…

10. リーディング
和訳以外でできること

ア：授業で行う内容理解は日本語訳を通してと考えている先生方もまだ多いように思います。

ヒ：そうですね。一方，そこから脱したいと思っている先生も多いですよね。

ア：でもどうやったら，ですよね。この対談の目的は，現状からの「ひと工夫」で前進することなので，一気に斬新な方法を提案するのではなく，いつもやっている授業にひと工夫という視点で話を進めましょう。

ヒ：そうですね。今回は，和訳以外でどんな活動を取り入れたらいいかを考えてみることにしましょう。

コミュニカティブな授業とは

ア：私が高校の教員をしていた時に，よく中学校の先生方から聞こえてくる声がありました。

ヒ：どんな声ですか。

ア：いくら中学でコミュニカティブに授業を進めても，高校に行くと訳読の授業になってしまい，中学での指導が生かされないということです。

ヒ：この議論はずっと以前からありますね。高校の先生からは，教科書が読解中心でコミュニカティブな授業には向いていないという答えが返ってくることが多いですし。でも阿野先生はこの意見にはい

つも異論を唱えていますよね。

ア：太田先生にはもう先を読まれてしまいました。そのとおりです。私は大学の「英語科教育法」の授業で「中学の教科書と高校の教科書では，どちらがコミュニケーションを重視した授業が展開しやすいか」という質問を学生に投げかけています。

ヒ：おそらくほとんどの学生が，中学と答えますよね。

ア：そうなんです。でもそれはコミュニケーションをどう捉えるかの問題だと思うんです。短い会話練習などの頻度を考えれば，中学の授業のほうがコミュニカティブに見えるかもしれません。しかし，本当の意味でコミュニカティブな授業は，生徒同士や教師と生徒，あるいは教材と生徒との間に，情報や意見，場合によっては感情のやり取りがあるかどうかが大きなポイントになるのではないでしょうか。

ヒ：そうですね。中学の授業でも，一見，生徒が活発に活動をしているように見えても，実は挨拶の練習だけに終わっている場合もありますから。

ア：逆に，動きがあまりないクラスでも，実は教材が生徒の心を動かし，いろいろな形で生徒がメッセージを発信している授業もたくさんあります。ちょっと話がそれてきそうなので，先ほどの教科書の質問に戻しますね。

ヒ：答えは，高校の教科書と言いたいわけですね。

ア：そうです。もちろん中学の教科書もさまざまな題材をカバーし，意味のあるコミュニケーション活動がたくさん用意されています。しかし，高校の教科書本文には，かなり深い内容にまで踏み込んだ題材がたくさんあります。私が教えた大学生の中には，高校で使った英語の教科書に扱われていた題材がきっかけで，自分の進路を決めたという学生が2人もいました。

ヒ：それはすごいですね。

ア：こうした題材を通してメッセージを読み取り，自分の意見を発信

し，感動を表現していくことができるのです。教科書をもとに，こうした機会を授業中に設けることで，英語を通したコミュニケーションのやり取りが可能になるわけです。だからこそ，日本語に置き換える作業だけで終わらせてしまってはもったいないですよね。

読解の前の活動

ヒ：まずは，教科書本文を読み始める前にできることを考えていきましょう。中学では読ませる前に聞かせることが多いので，生徒に「どんな内容なんだろう？」「面白そうだな」などと，聞きたいと思わせることがこの段階の目的です。そのために大きく分けて2通りの方法が考えられます。1つはタイトルと絵を使うことです。タイトルを示し，絵を見せ，どのような内容かを推測させます。英語でできればいいのですが，日本語でもいいと思います。またこれにキーワードを示し，推測させることもできます。いずれも推測させて，興味を持たせ，そして聞かせる（読ませる）ことがポイントです。2つ目は，絵を使いながら本文の内容を紹介していく，いわゆるオーラル・イントロダクションです。オーラル・イントロダクションは本文の内容全体の概要を扱うものと，最初の部分だけ導入し，後は質問を与えて聞かせる（または読ませる）ものがあります。本文の内容によって使い分けることがポイントだと思います。

ア：高校でもオーラル・イントロダクションはとても大切です。いきなり1行目から読み始める授業もありますが，これでは，単に構文や単語を覚えるために英文を使っていることになりかねません。それでは題材の魅力に気づくことなく，結果的に英語も頭に残りませんから。私たちも，何についての本かもわからないものを読む気にはなりませんよね。

ヒ：もちろんですね。ではどのように導入しますか。

ア：生徒に「読んでみよう」という気持ちが出てくればそれでOKです。私は電車に乗っていると，雑誌の中吊り広告を見て記事を読ん

でみたくなってしまうのですが、これと同じことをすればいいと思います。生徒が「先生が内容を教えてくれないんじゃ仕方がないから自分で読んでみよう」と思わせられれば大成功ですね。

リーディングでの未習語の導入

ヒ：生徒にとって読解のハードルの１つは新出単語ですよね。ここで未習語の扱いについて考えてみましょう。

ア：中学では、教科書を開く前に単語を導入することも多いと思いますがどうですか。

ヒ：読解の前の活動で示したピクチャー・カードが大変役立ちます。ピクチャー・カードを見せながら多くの未習語が導入できます。またピクチャー・カードで導入できない未習語は２種類に分けて考えます。

ア：２種類に分ける、ですか。

ヒ：はい。本文の概要・要点をつかむのに必要な未習語と後で説明すればいいものです。まず読ませる前の段階では、概要・要点をつかむのに必要な未習語のみをこの段階で導入することが大切だと思います。選んだ未習語は、例文を出す、ジェスチャーで示す、実物を示すなど方法を考え、示した後、意味を確認します。また生徒に推測させるのが難しいと思うものは、カードに書き、発音しながら訳語を教えることも時には効率的です。

ア：高校では、予習の段階で単語を調べてくるように要求する先生もいますが、これは要注意だと思います。

ヒ：と言うと。

ア：知らない単語をノートに書き出して、文脈とは関係なく辞書で調べる生徒が出てきます。ひどい場合には、辞書の代わりに単語集を使って、最初の日本語訳を写してくる生徒もいるくらいです。

ヒ：これをリストにして本文を読む生徒は、いつまでたっても自分の力で意味を推測しながら読む力はつかないですね。

ア：そこなんです。大学入試問題で知らない単語が1つもないなんていうことはまずありえないので，知らない単語を文脈から推測する力は絶対につけなければなりません。大学に入ってくる新入生の中には，英文を手にしたとたんに知らない単語にマーカーで印をつける学生もいるくらいです。「何をやっているの」と聞くと，高校の時からの習慣だとのこと。これでは知らない単語がハイライトされて，読む意欲がなくなってしまいますよね。

ヒ：本来，マーカーはキーワードなど大切な部分に使うものですからね。

ア：そこで私が勧めているのは，マーカーを黒のマジックに持ち変えることです。教科書にマジックを塗るわけにはいかないので，事前に教科書のコピーを渡します。そして知らない単語を黒で塗りつぶせば，知っている単語だけが残ります。

ヒ：これって生徒はうれしいでしょうね。

ア：それで本文をしっかりと読みながら，黒塗りのところにはどんな意味の単語がくるかを考えていきます。すると，推測力を働かせながら深く読むことにもなるし，後で辞書で確認した時にも記憶に残ります。もちろん1行に2つも3つも知らない単語がある場合にはこの方法は使えませんが。

ヒ：教材のレベルに応じて使える活動ですね。

読解後の活動

ア：今度は内容理解をした後に行う活動を考えてみましょう。太田先生，12章の「統合的な活動」ともつながると思いますが，まずどんな活動が考えられますか。

ヒ：いろいろ考えられますが，1つには，本文に答えが書いていない inferential question をすることです。これは先生が教材研究の段階で「この部分を具体的に知りたいなぁ」と思うところを質問するといいと思います。例えば，本文で登場人物が "I'm busy. I have a lot of things to do." と話していたとします。「することがたくさんあるってどんなことがあるのだろう」と教材研究の段階で思い，生徒に推測させたいと思ったら，（登場人物）is busy and has a lot of things to do.　Why is he busy? と尋ねることができます。生徒は答えを推測するために本文をもう一度読み直します。教科書はいろいろな制約から具体的に書かれていない箇所，話がちょっと飛んでいる箇所があります。そんな時は inferential question ができます。

ア：実は高校の教科書でも，多くの場合，それぞれの課の最後にポスト・リーディングの活動があります。「あなたの意見をまとめてみよう」とか「グループで話し合ってみよう」というものです。

ヒ：でも実際には授業で取り上げられない場合が多いですよね。

ア：そのとおりです。具体的な活動として方法が例示されていない場合も多いので，アレンジして生徒に示すといいと思います。例えば，ある人物についての題材ならば「あなたが主人公の立場にいたら，同じ行動を取りますか」のように質問してみるといいでしょう。こうすることで，生徒は主人公の行動や気持ちを確認するために，もう一度本文を読み直しますよね。ここで生徒によって異なる答えが返ってくるような質問を用意すると，グループでの意見交換も活発になるでしょう。

ヒ：これを英語だけでやるのは難しいかもしれませんね。

ア：もちろん英語でできればそれに越したことはありませんが，リーディングがメインにあって，意見交換や発表は読解を深めるための活動であることを考えれば，日本語でもいいと思います。英語・日本語にかかわらず意見を言えるようにしっかりと英文を読む習慣をつけることが大切ですよね。

ヒ：どこに焦点を当てるかですね。

ア：そして，それぞれの生徒が意見を書いた後は，読者は教師だけではなく，クラスメート同士で読み合うことで，自分もしっかりと読

まなければいけないという意識を持たせることができます。

ヒ：生徒間の学び合いの場を持つことで、学習コミュニティーができてきますからね。

ア：そうですね。こうした活動のポイントは、本文の内容理解が深まるほど容易になる活動にすること。逆に内容が理解できていなければ成り立たない活動にすることだと思います。生徒が活動をしながら、本文を振り返るように仕掛けることですね。

コラム⑧　意味の塊がわからなくなっている生徒へはどうする？

ア：英語が苦手な生徒にとって長文を読む時に困ることって何だと思いますか、太田先生。

ヒ：単語がわからない、長くていやになる、などいろいろあると思いますが、そのうちの一つは、1文がただ単語が並んでいるだけで、意味の塊がわからなくなっていることだと思います。つまり文は意味の塊でできていることがわからない状態になっているということです。

　そのような場合は、英語の語順の基本形、「だれが」「どうする（した）」「何を（だれを）」「どのように」「どこで」「いつ」と書き、長文の一部をこの塊で区切って音読させてみます。このように区切りに気を付けて音読をさせると、何がわかっているのか、わかっていないのかがわかります。ペアで協力して行うと教え合っていいと思います。

　また黒板に書くのではなく、こちらが意味の塊を意識させるように尋ねていくのもいいと思います。例えば、主語が長い時に、「どこまでが主語？」と尋ねます。また「だれが？」「どうしたの？」「何を？」「どこで？」など語順で尋ねていき、生徒たちはその塊が終わる部分にスラッシュを入れさせ、確認として教師がその部分を音読することもできると思います。

11. ライティング
書きたい気持ちを起こさせる指導

ア：太田先生，私たちのおしゃべり，毎回よく続きますね。

ヒ：それにしてもたくさんのテーマを扱っています。

ア：それだけ私たち2人には話したいこと，伝えたいことがあるんですよね。

ヒ：話したいことがあるから話せるし，書きたいことがあるから書けるわけです。そして何より読んでいただける先生方や教員志望の学生たちがいるから張り合いがあります。

ア：全くそのとおりです。これを授業に当てはめてみましょう。生徒に「話したい」と思う状況を作って話させているか，そして「書きたいこと」「書く内容」があって書かせているか，考えてみる必要がありますね。何もないところから書くことはできないですから。そして読み手が誰かを意識させることも必要です。

ヒ：ということで今回は，生徒に書かせる気持ちを起こさせるためのライティング指導について話し合いましょう。

ライティングとは

ア：話を始める前に，ライティングとは何かを定義しなければいけませんね。

ヒ：定義って，ライティングは書くことですよね。

ア：そうなんですけど，高校のライティングの授業では，教科書にある和文英訳の部分だけを扱って，エッセイやパラグラフ・ライティ

ングのタスクは飛ばしてしまうことがよくあるんです。

ヒ：つまり文法の知識を確認するために和文英訳を使っていて，本当の意味でのライティング指導にまでいっていないということですね。

ア：はい。これではクラスの全員が同じような英文を書くことになって，自分の書きたいことを書く機会がないですよね。中学ではどうですか。

ヒ：そうですね。まず授業でどのくらい書かせているか，がポイントです。授業中には書かせていない場合が意外と多いのです。

ア：家庭学習に回してしまうということですか。

ヒ：そうなんです。書かせる場合でも，授業の最後に「今日のポイントはこの文です。ノートに写しましょう」とコピーさせて終わってしまう場面をよく見ます。したがって書く文も単文レベルで終わってしまいます。

ア：家庭学習では何を書かせるのですか。

ヒ：よくあるのは本文を写すという宿題です。

ア：本文を写すだけではもったいないですね。習ったことを使って自己表現させないのでしょうか。

ヒ：もちろんさせている先生もいます。そのような先生は，単文で書かせることはもちろん，それにプラスさせて文章を書かせる指導をしています。

ア：この差は大きいですね。

ヒ：そうです。私が以前関わっていたテストで，自己表現の問題では何も書いていない答案が多い中で，しっかり指導をしている学校の生徒の答案は何か書いてあり，この差は一目瞭然でした。

ア：そうですか。授業で書く指導をしていなければ英文を書くことは難しくなってしまいますね。高校入試の答案を採点していた時に，「好きなスポーツ」などのテーマの問題が出ると，"I like sports. I play tennis. I watch soccer." などのようなまとまりのない文が多く見られたのも納得です。

ヒ：この原因もわかりますよ。
ア：太田先生，そのような答案をたくさん見てきたのですね。
ヒ：残念ながら答えは「はい」です。指導をしても，いきなり「日記を書きなさい」と指示して書かせる，教科書の1つの例だけをモデルとして見せ，「書きなさい」という指示で書かせることが多いのが原因でしょう。つまり「まとまった文章を書かせる指導」をしない場合が多いからです。

教科書を活用する

ア：教科書が話題に出ましたが，教科書も上手く使えばディスコース，つまり文のつながりを意識した指導ができるのではないでしょうか。
ヒ：そうなんです。「教科書を参考にしましょう」と教科書に戻ることは大変いいことなのですが，「参考にする」と言ってもどのように参考にすればいいのかわからない生徒も大勢います。そのような時に，「and, but, so を探してアンダーラインを引いてみよう」などと言って，接続詞に注目させ，その使い方を説明するなどの指導をすることによって，生徒に文のつながりを意識させることができると思います。
ア：同様に代名詞の使い方も大切ですよね。
ヒ：そうです。この2点に生徒が慣れてきたら，事実だけでなく，感想が書かれている文を探すことに意識させることもできます。教科書をそのような目で見ると，いろいろと意識させたほうがいいことが見えてきます。
ア：教科書の使い方にひと工夫ですね。
ヒ：教科書はあらゆる指導の基本にあるということだと思います。
ア：ちょっと話を戻しますが，ライティングの教科書にある和文英訳，つまり日本語を英語にするトレーニングも，ある意味で必要ですよね。
ヒ：もちろんです。日本語と英語の構造の違いを知り，また英語の語

順なども確認できます。
ア：ここで注意しなければならないことがあります。中学で教えていた時に特に感じましたが，生徒の中には和英辞典を使って，日本語から英語に機械的に置き換えようとする者もいるということです。
ヒ：変な英語が出来上がりますよね。
ア：「私はサッカーに夢中です」という文を「夢は dream, 中は inside」などと考えてしまうと大変なことになります。
ヒ：日本語から言いたい内容を理解して，それを英語でどう表現するかを考えるトレーニングにしなければなりません。中学生なら "I like soccer very much."
ア：高校生なら "I am crazy about soccer." などと表現できるようにさせたいです。早稲田大学の中野美知子先生が，「日本語から英語を作る」ということで「和文英作」ということばを使っていますが，まさにこの発想が必要だと思います。

何を書くか

ヒ：こうしたトレーニングを積みながら，まとまった英文を書かせる指導は欠かせません。でも，何を書かせたらいいか悩む先生も多いはずです。
ア：高校で教えていた時に，3年生の「英語表現」という科目を担当していて，ここでは1年間を通してパラグラフ・ライティングの指導をしていました。毎時間，まとまった英文を書くための技法を1つずつ取り上げて，英文を書かせていました。
ヒ：例えばどんなことを書かせたのですか。
ア：いろいろですが，まず比較的長めの英文を読ませて，その英文のポイントをとらえながら要約することをしました。
ヒ：モデルとなる英文があって，それを書き替えて短くしていくということですね。目の前に書く素材があるということですね。
ア：ポイントはサマリーを作った後です。3人グループを作って，そ

れぞれのサマリーの良いところをピックアップして，グループとしての完成品を作ります。
ヒ：まだありそうですね。
ア：はい。この完成品を，時間を区切りながら他のグループへ回して輪読し，自分たちがまとめたサマリーと比較します。
ヒ：ここでまたバージョンアップするチャンスですね。
ア：全部のグループのサマリーを読み終えたあとで，最初に書いた自分のサマリーに修正を加えて完成させます。どの生徒もかなり良いものにまとまります。
ヒ：自分の意見を書く場合にはどうしますか。
ア：新聞記事を読んでから書かせたり，ある時は流行のテレビドラマの涙する場面を見た後で気持ちを書かせたりなどもしました。
ヒ：それぞれが考えたり感動したりした気持ちを「言いたくて仕方がない」という段階まで引っ張ってから書かせるわけですね。
ア：なかなかそこまでは行きませんが，書くための内容が生徒の頭に準備できれば，半分は上手くいったようなものだと思います。

読者を設定する

ヒ：生徒の書こうという意欲を高めるために忘れてはならないことがあります。
ア：書いた作文を誰が読むかということですね。生徒たちが一生懸命に書いた英文を，教師一人が採点のためだけに読むのはもったいないし，生徒の努力をもっと生かしてあげたいものです。
ヒ：読者をどう設定するかがポイントですね。
ア：太田先生は，中学ではどんな工夫をしていましたか。
ヒ：クラスの友達に対して書く活動をしました。まずモデルを参考にまとまった文を書かせます。最後に友達に質問を書きます。書き終わったら，クラス内で回します。生徒は友達の書いたものを読み，最後の質問に答え，名前を添えます。10〜15分後，書いた本人

に紙が戻ります。自分が書いた文に友達の返事がたくさん書かれているので，生徒たちは集中してそれを読みます。最初にこの活動を行った時，読み手を意識したライティングの大切さを実感しました。

ア：私も高校で同じようなことをしていました。質問を書くスペース以外にも，読んだ生徒が感想を書く欄を事前に用意しておきます。一定の時間で書き終わるタスクならばその時間内に一度回収して，無作為に配布し直します。そして手元に来た作文を読んだ生徒が感想を書きます。もとの作文が授業時間の終わりまでかかったり，一部を宿題にしたりする時には，次の時間にお互いの作文を読むための時間を設定します。

ヒ：最初から友達が読むことを意識させるわけですね。

ア：教師からいい点数をもらうことが目的ではなく，友達にメッセージを伝えるように工夫して書くという姿勢を持ってもらいたいですからね。友達を読者とした課題の設定です。

ヒ：教師は読者の一人になるということですね。

ア：CALL教室やパソコン教室が使えれば，もっとインタラクティブな課題の設定ができます。

ヒ：例えばどんな。

ア：CALLシステムには，ペアやグループ内でチャットができる機能を備えたものがあります。

ヒ：ライブでどんどん意見交換ができるということですね。

ア：大学の授業でよくこの機能を使っていますが，学生たちはかなり集中して英文を書いています。相手との直接のやり取りのため，短い時間で英文を作り上げる訓練にもなります。

ヒ：そのやり取りがモニターに残っているので，生徒同士でフィードバックができますね。

ア：はい，チャットを終えた後に，ペアといっしょに文法の間違いや，書きたいけどうまく表現できなかったことなどを振り返ることができます。

ヒ：でも中学や高校ではCALL教室がないところがほとんどですよね。
ア：そうですね。もしコンピュータ教室でネット環境があれば，BBSなどを使ってクラスメイトの間で意見をつなげていくことも可能になります。
ヒ：紙媒体でもコンピュータ上でも，大切なことは，誰か具体的な人に向けて書くということですね。
ア：生徒に書きたいという気持ちを抱かせ，実際の読者を想定させること。これだけでもライティングの授業は変わってきますよね。
ヒ：私も書きたくなってきました。阿野先生，英語で交換日記をしませんか。

コラム⑨　自由作文の採点基準

ア：自由作文はさせるけれども採点基準が難しいですね。正確さで減点していくと生徒が書いた文章はほとんど0点になってしまうし…太田先生はこのような問題にどう対処しますか。

ヒ：私は3つの点から採点する，つまり評価基準にするといいのではないかと思います。それはTask completion，量，質の3点です。

　Task completionは，そのTaskで求めていること（例．3文以上で書きなさい）ができているかどうかです。これはシンプルですよね。

　量と質に関しては，生徒の現状を考えて，どうなってほしいか，授業で話していることをそのまま採点基準にするのがいいと思います。例えば，30語程度で書くように，と指示をしているのであれば，採点基準も30語で○点，40語なら△点，とするといいでしょう。質に関しては主語がいつもIにならないように，と指導していれば，主語のバラエティがあるかどうかで採点し，また事実だけでなく，感想・意見を書こう，と指導していれば，感想・意見が書かれているかどうかで採点をするといいと思います。

12. 統合的活動のすすめ
1粒で2, 3度おいしい活動をしましょう！

ヒ：今回は日々の授業で「1粒で2, 3度おいしい活動」を考えてみましょう。

ア：「1粒で2, 3度おいしい」，このフレーズどこかで聞いたような気がしますが…

ヒ：ばれましたね。これは昔，あるお菓子のコマーシャルで「1粒で2度おいしい」というコピーがあり，それを真似したのです。

ア：でも若い読者の方々には何のことかわからないですね。

ヒ：そうでしたね。「粒」を授業中の「活動」「教材」と考えてもらえるとわかりますか。

ア：1つの教材を使う際，1つの活動だけに利用するのでなく，ひと工夫をして，2度，3度といろいろな活動に使うということですね。

ヒ：そうです。例えばある教材をリスニングで使ったら，それを使って，スピーキングの活動をする。スピーキングの活動をしたら，そこで得た情報を使ってライティングをする，などのことです。

ア：8章の「リスニング，ただ聞かせるだけじゃもったいない」と同じ発想ですね。1つの教材を1つの活動で使うだけではもったいないということですか。

ヒ：それもあります。私はしつこいですから。大切なポイントは，使うスキルを統合するということです。同じ教材を，違うスキルを使った活動に使用することで，教材の英語に何度も触れることになります。そうすると…

ア：その英語が頭の中に残りやすくなる、ですね。

ヒ：そうです。スキルを替えることで、何度触れても飽きず、そして繰り返しを可能にします。

ア：考え方はわかりました。それでは具体的に話していきましょう。

リスニングで2, 3度おいしい

ヒ：まずは information transfer から。

ア：information transfer？ これはまた面白い名前ですね。

ヒ：いい響きでしょう。例えばある人の自己紹介の教材を使うとします。これでまず「自己紹介を聞いて、その人の出身地、趣味、好きな食べ物を聞き取り、メモしましょう」というリスニングの活動をします。その後、メモをもとに、その人について話すというスピーキングの活動ができます。

ア：これはいいですよね。スピーキングだけでなく、ライティングの活動に持っていくこともできますね。

ヒ：そうですね。いろいろ考えられます。自己紹介の文章を読み、メモをする。それを話す、または書くという1粒で2度おいしい活動ができます。

ア：確かに1粒で2度ですね。聞いて得た情報、information を違う形に移す、transfer するのがポイントですね。

ヒ：そうです。またアウトプットから別の形にアウトプットすることもできます。例えばペア・ワークで「お互いに普段日曜日にすることを話し合い、メモを取りましょう」という活動をします。その後で…

ア：メモをもとに相手のことについて書く。

ヒ：さらに先生は書いたものを集める。それをばらばらにして、配る。そしてだれについて書かれていることかを当てるために読むこともできます。

ア：または先生が集めた後、書かれたものを読み、「聞いて、誰のこ

12. 統合的活動のすすめ：1粒で2, 3度おいしい活動をしましょう！

とかを当てましょう」とリスニングに持っていくこともできますね。

ヒ：そうなんです。「1粒で2,3度おいしくしよう」，つまり統合的活動をしようと思うと，いろいろなことが可能になります。

ア：でもあまり欲張りすぎてもダメですね。

ヒ：そうだと思います。1つ活動を終えた後に，「これを生かして，違うスキルでちょっと足してみようかな」と考えることが大切だと思います。それにこの対談の趣旨は「日々の授業にひと工夫」ですからね。あまり懲りすぎては「ひと工夫」でなく，「日々の授業にすごい工夫」になってしまいますよね。そうなると本のタイトルを変えないといけませんね。なんて，横道にそれてしまいました。

ア：そうですね。では本題に戻りましょう。

復習で2,3度おいしい

ヒ：それでは普段の授業の場面で「1粒で2,3度おいしい」場面を考えましょう。まずは前の時間の復習をする場面で，考えてみましょう。よくやるのが，前の時間の教科書本文を聞く，または読むことですね。

ア：それで終わらずにもう一手ですね。

ヒ：そうです。中学校では聞いたり，読んだりした後に，先生がその内容についてQ&Aをするということができます。

ア：生徒が教科書を閉じていれば，さらにいい活動になりますね。

ヒ：そうですね。また読んだ後，教科書を閉じさせ，その範囲からディクテーションをすることもできます。

ア：なるほど。

ヒ：または教科書を閉じさせた後，先生がその本文の範囲のピクチャー・カードを黒板に貼り，ヒントになる語句を書き，生徒はそれを見て，絵の内容を言うという活動に持っていくこともできます。

ア：難しそうですが…。

ヒ：教科書の内容をそのまま言うのであれば，暗記になってしまい，

これは大変難しい活動になってしまいます。でも絵を見て，"This is Ken. He likes to play tennis." など絵とヒントの語句から言える範囲のことを言うとすると，取り組みやすい活動になります。

ア：暗記と勘違いさせないことがポイントなのですね。

ヒ：そうです。また，言えなかったらもう1度教科書を読ませるといいと思います。私はこんな時よく，"Do you want to read the text again? I'm a kind teacher, so I'll give you two minutes. You can open your textbook and start reading." などと言います。生徒たちは必死に読んでいます。

ア：kind と言っておきながら，ちゃんと仕掛けをしているのですよね。

ヒ：生徒も「また始まった！」なんていう表情をしていますね。さて私が kind であるかどうかはさておき，阿野先生，高校の授業での復習の場面で使える，1粒で2，3度おいしい，手軽な統合的活動を紹介してもらえますか。

ア：高校では教科書にある1つのストーリーを数時間かけて扱うのが一般的なため，毎時間ごとに前回の題材内容を復習することが必要不可欠です。生徒はわかっているはずだという前提で新しいパートから始めるのはあまりにも乱暴ですし，教師が1人で前回の内容を振り返ってしまってはもったいないですよね。

ヒ：それでは，生徒の理解度はつかめないですし。

ア：そこなんです。生徒自身がそれまでの学習事項を復習する絶好のチャンスで，理解できていない生徒にとっての敗者復活のチャンスを奪ってしまうことになりかねません。

ヒ：では具体的にはどんな活動をするのですか。

ア：まず，生徒は3人程度のグループになり，教科書を閉じた状態で，前回の授業で読んだ内容を協力しながら英語で振り返ります。ちょっとしたスピーキング活動です。キーワードを並べてストーリーを再構成するだけでも十分です。これを2，3分行ったところで教科書を開かせ，グループごとに本文を確認することで，内容理解に加

え，新出語の再確認なども生徒自身でできます。先ほどの太田先生の手法と同じです。

新しい課の導入で2, 3度おいしい

ヒ：基本は中学と同じですね。それでは，今度は復習でなく，新しい範囲の教科書本文での場面で考えてみましょう。

ア：これはまず高校から話させてください。

ヒ：わかりました。阿野先生，気合が入っていますね。

ア：ええ。止まらなくなったらストップをかけてください。今，太田先生が言った「教科書本文での場面」ですが，高校のコミュニケーション英語の教科書は4技能の力をつけるための教材にもかかわらず，リーディング教材と考えている先生方もいらっしゃいます。

ヒ：今でも「リーダー」なんていう言葉を聞くことさえありますよね。

ア：教科書が4技能の力の育成をねらっていることをきちんと押さえておけば，統合的な活動は非常にやりやすくなり，結果的にリーディングの力も伸ばせます。高校の教科書にはさまざまな話題が登場するため，実は内容に重点を置いたコミュニカティブな活動には適していると思っています。

ヒ：なるほど。阿野先生の高校の教科書を扱う展開が知りたいですね。

ヒ：特別なことはやっていませんが。まず，簡単なオーラル・イントロダクションで話題提供をします。もちろんストーリーの細部には入りません。

ヒ：興味づけで止めるのですね。

ア：はい。その後，その授業時間で扱う部分を聞かせ，キーワードだけを書き取らせます。そのキーワードをペアで持ち寄って話のアウトラインを想像させます。つまり，概要把握のリスニングから始めるわけです。

ヒ：疑問を持たせてから読ませるのですね。

ア：そのとおり。自分たちで聞き取った内容が正しいかを確認するた

めに読むので，目的意識を持ったリーディングができますよね。

ヒ：まだ続きそうですね。

ア：はい。リーディングで内容を理解したら，音読を経て，ペアかグループで題材についての意見交換。音読をしっかりとやっておけば，本文の語彙や表現を使いながら意見を述べることが可能になります。

ヒ：もう一歩行きそうな勢いですが。

ア：ここで終わるだけでも，リスニングからリーディング，そしてスピーキングへとつながりますが，最後にライティング活動を取り入れることもあります。ペアやグループで出た意見を，簡単な英文にまとめます。仲間と協力し合えば，文法や語彙の相互チェックもできます。

ヒ：実は阿野先生もかなりしつこいですね。

ア：そうかもしれませんね。教師も生徒も，どうしても言語材料ばかりに目を向けがちですが，本文の内容にフォーカスすることで，いろいろな活動に発展できますよね。さて，太田先生，中学に話を戻しましょう。

ヒ：中学でのやり方はいろいろあると思いますが，オーソドックスな方法を示したいと思います。本文の内容を理解する段階では，まず先生がオーラル・イントロダクションをしたり，CDを聞かせたりして，概要を取らせます。その後教科書を開き，聞かせて理解させた以外の部分を読ませて理解させます。ここまででリスニングからリーディングへつながりますね。

ア：理解させた後はどうするのですか。

ヒ：まず音読をさせます。でもここで終わってしまう場合が多いのです。

ア：さて，もう一手どうしましょう？

ヒ：いろいろありますが，この連載の趣旨に合った手軽な活動を2つ紹介します。1つは本文に書かれていた内容を "How about you?" で尋ねることです。例えば，本文の登場人物が "I've been to

Kyoto once." と言っていたら,生徒はそれを受け,"I've been to Kyoto twice." など自分のことを言うことができます。

ア：これは簡単ですね。もう1つは高校でもやる,キーワードを与えて本文の内容を英文で再構築させるリテリングですか。

ヒ：それももちろん可能です。それが難しい場合は,ピクチャー・カードを黒板に貼って,絵を見て文をどんどん言わせることもできます。

ア：「1粒で2,3度おいしい」統合的活動,ぜひやってみませんか。

コラム⑩　インターネットの機能（掲示板）を活用

ヒ：最近のインターネットの機能の発達にはめざましいものがありますね。

ア：そうですね。私もなかなか時代について行けないところもあるのですが,実は授業に活用するととっても役に立つものがあると思うのです。以前よく使われていたBBSという掲示板や,今広く使われているSNSなどは,授業の予習や復習で活用できます。数年前に担当した大学の授業では,毎時間のリーディング教材をネット上に貼り付けておき,授業前に全員が読んでくることを課題とし,各自がネット上に感想を書き込んでおきます。こうすることで授業以前から題材についての情報交換ができ,授業ではすぐに内容確認とディスカッションに発展させることができました。またTwitterを使えば,授業後に題材について気軽にディスカッションを行うこともできると思います。しかも,クラスを超えて,場合によっては海を越えて本当のコミュニケーションに発展する可能性もあります。私たちが高校生や大学生だった頃は,海外にペンパルを作って英語を使う機会を求めていた時代でしたが,今なら実現の可能性がぐっと広がっていますよね。もちろんネットを使う上でのマナーや注意すべき点の指導は欠かせませんが。

13. 発音指導
音声へのあこがれを大切にして

ヒ：阿野先生が英語に夢中になったきっかけは，確か NHK「ラジオ英語会話」でしたよね。

ア：よく覚えていますね，太田先生。講師の東後勝明先生のきれいな発音にあこがれて「あんなふうに英語で話したい」と思って一生懸命ラジオからの英語に耳を傾けて発音練習していました。

ヒ：つまり，発音がきっかけで英語の世界に入ったのですね。阿野少年と同じように，英語の発音に引き付けられて英語を好きになる生徒はたくさんいるでしょうね。

ア：そうですね。ということで，今回は発音指導について話していきましょう。

発音にこだわる，こだわらない

ヒ：美しい発音へのあこがれがある一方，発音にはこだわらなくてもいいという声を耳にします。

ア：そうですね。World Englishes,「世界の英語たち」という考え方ですね。英語は今やネイティブ・スピーカーだけのものではなく，世界中でコミュニケーションのツールとして使われているから，いろいろな発音があっていいということです。

ヒ：実際，英語にはいろいろなバリエーションがあって，それでもコミュニケーションが成立しているのは事実です。だからといって，どのような発音でもいいということにはならないと思いますが…。

ア：そう思います。結果的に生徒の発音に個人差が出ることは考えられますが，やはり授業ではモデルになる英語を示して指導していくことが大切だと思います。

ヒ：特に生徒の英語学習への動機づけという点からは，それが言えるのではないでしょうか。

ア：せっかく「きれいな発音で英語を話せるようになりたい」とはりきっている生徒の意欲を利用しないのはもったいないですよね。

ヒ：特に入門期ほど音声へのあこがれは強いと思います。

発音指導のタイミング

ア：ではまず，私たちがどんな発音指導をしてきたか振り返ってみましょう。太田先生は中学でどんなことをしていましたか。

ヒ：中学校では1年生の最初に，生徒に「英語の発音って面白いなあ」と思ってもらうことがポイントだと思います。私は最初の授業でGood morning. の発音の仕方を通して違いを感じさせることをしていました。「グッドモーニング」と「ド」と「グ」を強調して発音すると生徒たちはくすくす笑い始めます。そこで「これじゃ変だよね。ではどうしたら英語らしくなるかな」と問いかけます。そしてそれぞれの語尾のdとgの発音の仕方を教えます。

ア：そうすると生徒は英語らしい発音ができることを実感できるのですね。

ヒ：そうです。この時期は外来語との音の違いを示すと効果的だと思います。今は小学校ですでに音の違いを感じているので，具体的に音の出し方を教え，「私もできる」と思ってもらうのがいいと思います。もちろん少しずつ焦らずにですが。

ア：やはり入門期の発音指導は，英語に対する生徒の目を開かせることになりますね。小学校での外国語活動で聞いてきた英語の音を，中学校でうまく生かせるといいですね。

ヒ：そのとおりです。阿野先生は高校ではどんな指導をしていました

か。

ア：2校目に勤務した高校での話ですが，週2回のオーラル・コミュニケーションの授業が1年生の必修になっていました。ここで集中した発音指導をすることを教科で決め，テキストを購入して毎時間の最初の10分程度を利用して発音指導を始めました。

ヒ：1年間継続したということですか。

ア：そうです。いわゆる帯活動です。

ヒ：具体的にはどんなことをしていたのですか。

ア：毎時間，子音か母音の1つの音を取り上げて，まずその音の発音の仕方を説明します。

ヒ：そこで阿野先生愛用の歯型の模型を使っていたのですね。

ア：そのとおりです。特に子音は，調音点と調音方法がわかればだれでも正確な音を出せますから，歯型は重宝します。

ヒ：それで説明の後は，どんな活動をしましたか。

ア：その後，その音を含む単語の練習から始め，句，そして文へと発展させていきました。1年間ですべての子音と母音をカバーするという進度です。

ヒ：すごいですね。ところで，その学習を通して生徒はどうなったかを知りたいですね。

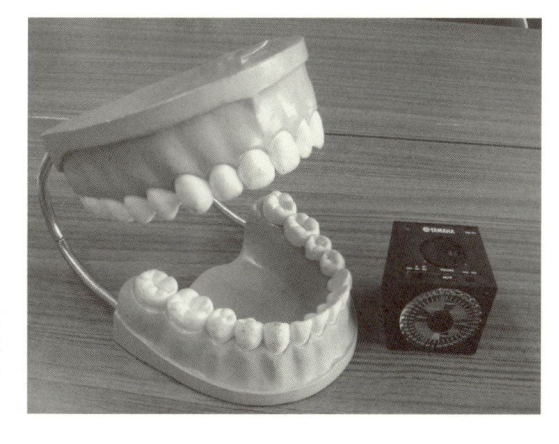

阿野先生ご愛用のメトロノームと歯型。（活用方法についてはメトロノームは185ページ，歯型は186ページを参照。）

ア：太田先生らしい質問ですね。生徒たちは発音記号を見て，その音を発音できるようになっていきました。

ヒ：歯型の威力は大きいのですね。でも発音記号がわかるようになることが目的なのですか。

ア：違います。結果的に発音記号を見て発音できるようになりますが，これによって教科書に出てきた単語や，辞書で引いた単語を自分の力で発音できるようになるのが目的です。

ヒ：自分の力で，という点がポイントですね。中学ではほとんど発音記号の指導をしていませんから，高校での指導は必要ですね。自分で発音できれば，大学に行っても大きな財産になりますよね。

ア：中学2年生の教科書からは，発音記号が書かれていますよね。

ヒ：そうなんですが，私は発音記号を一つ一つ教えることはしませんでした。生徒にとって負担になるかもしれないと思ったからです。

ア：でも書かれていると気になる生徒もいるのではないでしょうか。

ヒ：発音記号は教えていないけれど，目にしているので，結果的に触れています。まずはこれぐらいでいいかなと思っていました。もちろん生徒の様子で知りたそうな発音があれば，ワンポイント・アドバイスとして説明して，練習することもありました。

ア：そして高校で引き継いでいく。こういう中学と高校での連携ができるといいですね。

ヒ：阿野先生は中学でも教えていましたが，高校の時と同じように，集中的に発音を扱っていたのではないですか。

ア：ばれましたね。中学1年で文字を導入した5月下旬頃から，文字と音を結びつけるためにフォニックスの指導をしていました。これも週に2回程度ですが，授業の帯活動として1年間継続しました。

ヒ：生徒たちの様子はどうでしたか。

ア：cat は「スィー・エィ・ティー」ではなく，「ク」「ア」「トゥ」が合わさって「キャットゥ」と発音するという文字と音の関係を理解していきました。

ヒ：ここでも，初めて見た単語を自分で読めるようになる力をつけるということですね。

ア：はい。そして cut に e がつくと cute，hat に e がつくと hate というように，「4 文字の最後に e がつくと，u や a がアルファベット読みになるよ」と言うと「本当だ！」と盛り上がりましたね。そして「have は例外だけどね」と付け加えます。

授業のいろいろな場面で

ヒ：阿野先生が行ってきた系統的な指導以外にも，授業のいろいろな場面で発音指導を行うこともできますよね。

ア：はい，特にリズムやイントネーションの指導などは，意味との結びつきが大切なので，授業のいろいろな場面で導入していくのが効果的です。

ヒ：モデル提示ということを考えると，ALT とのティーム・ティーチングなどは利用できますね。

ア：やはり生徒はネイティブ・スピーカーの発音にあこがれる気持ちが強いので，それを利用しないのはもったいないと思います。

ヒ：でも TT 以外にもいくらでも発音指導の場面はあります。

ア：太田先生，具体的に教えてください。

ヒ：何と言っても音読指導でしょう。CD を聞き，まずクラス全体，個人，ペアで音読練習をします。生徒の様子をモニターして，「ここで苦しんでいるな」「この点を教えると音読がうまくなるな」と思うところを 1，2 点取り上げます。音読の練習に使用する教科書本文には文脈，場面があるので，それを生かし，文単位のレベルの発音指導をしています。

ア：強勢，リンキングなどですね。

ヒ：そうです。Do you like it? の like it など音変化するものは，発音指導のはずせないポイントです。

リスニングのためにも発音指導を

ア：音変化というと思い出すことがあるんです。ある中学校の研究授業でのことです。

ヒ：どんな授業だったのですか。

ア：LL 教室でのリスニングの授業でした。英文に空欄があるスポット・ディクテーションをしていたのですが，何人かの生徒がある箇所の単語をどうしても聞き取ることができないでいました。

ヒ：難しい単語だったのですか。

ア：いや，確か in か on だったと思います。

ヒ：前置詞ですね。ということは，前の単語と結びついていて，音が変化していたのですね。それで授業をしている先生は，生徒にどんなヒントを出したのですか。

ア：私もそのヒントを期待していたのですが，「そうか，まだわからないか。それならもう一度聞かせてあげよう」と言って，その後何度か繰り返し CD を流していました。でも当然のこと，生徒たちはわからないままでした。

ヒ：それで答え合わせはどんなふうにしたのですか。

ア：その前置詞を板書しただけです。そして生徒たちは答えを空欄に写して終わりでした。

ヒ：それでは今後，同じ問題に直面しても聞き取れるようにはなりませんね。

ア：そうなんです。授業後の研究協議で「先生はなぜ音変化や文法の知識をヒントとして与えなかったのですか」と質問しましたが，「とにかくたくさん英語を聞いて聞き取れるようになってもらいたいという方針だからです」という返事でした。

ヒ：こういう場面こそ，発音指導が効果を発揮するところですね。

ア：「ゲラッ」と聞いて何のことかわからない生徒が，get up の t と u がつながって「ラ」の音になると知ったときに，一気に目の前が開けますからね。

ヒ：そしてこれを言えるようになれば、当然聞いてもわかるようになる。つまり発音指導がリスニングの力を伸ばすということですね。私はいつも、「ライク　イット」と発音していたら like it が聞き取れないよ、と言っていました。

発音指導の留意点と教師の研修

ア：逆に発音指導に力を入れ過ぎると、思わぬ落とし穴もあります。

ヒ：活動の目的を考えて、ということですね。

ア：はい。例えばペアで自由に会話をする活動など、発話をうながし流暢さを目的にしている時には、特にコミュニケーションの障害にならない限り、明示的な発音に関するフィードバックは控えた方がいいですね。生徒の話そうとする意欲をそぐ結果になりますから。

ヒ：さて、私たち教師も発音の研修はぜひ続けていきたいですね。

ア：そうですね。「この先生に教わりたい」という生徒の動機づけもありますが、私たちが「うまく発音できない」「聞き取れない」と思うところが、そのまま指導のポイントになることが多いですからね。

14. 音読指導
頭の中に英語を残すために

ア：私，英語の先生方の研修会で，よくする質問があるんです。

ヒ：どんな質問ですか。

ア：1つ目は，「英語の学習に音読が大切だと思いますか」という質問です。

ヒ：音読なくしての英語の上達はありえないでしょう。みんな手を上げますよね。

ア：そのとおりです。ほとんど全員の先生が手を上げます。でも問題は次の質問なんですよ。

ヒ：と言うと。

ア：「普段の授業に音読を取り入れていますか」という質問です。

ヒ：阿野先生が言いたいこと，だんだんわかってきました。それで結果はどうですか。

ア：中学校の場合には，半数から3分の2くらいの先生方は日常的に取り入れているとのことですが，高校で取り入れている先生は3割程度か，それ以下のこともあります。

ヒ：つまり，音読は大切だとわかっていながら，どうして授業で取り入れないのか，と言いたいわけですね。

ア：そうなんです。授業で取り入れない理由を聞いてみると，「やっても声が出ない」とか「音読までやっている時間的な余裕がない」「音読は宿題にしています」という答えが返ってきます。宿題にするにしても，授業中に読めるようにしてあげなければ1人では音読で

きないですからね。

音読の必要性を生徒に伝える

ヒ：「生徒が音読しない」「声が出ない」というのは多くの先生方が抱える共通の悩みですね。

ア：だからこそ，音読の大切さや効果を生徒に伝え，実感させることが大切だと思うんです。私は4月に必ずこうした話をしています。

ヒ：例えばどんな？

ア：英語の語順のまま内容を理解する習慣がつくことや，単語や文法の意味と使い方が，文脈といっしょになって記憶に残るなどいろいろあります。でも一番強調するのは，音読が英語の基礎を作るトレーニングだということです。運動部で毎日繰り返すランニングや基礎練習といったトレーニングと同じだと言っています。太田先生の授業ではどんな話をしていますか。

ヒ：私は「音読は理解した英語を頭の中に残すために行うんだよ」と話しています。繰り返し音読をすることによって，自分が理解した英語が頭の中に入って，自分の英語データベースになり，役に立つことを話しています。その際，「自分が話しているように，内容を伝えるように音読することが大切だよ」と音読のポイントを付け加えています。

ア：そうですね。「頭の中に英語を残す」はポイントですね。

授業での音読の目的を明確に

ヒ：次に考えなければならないのは，授業でどのように音読をさせているかということでしょうね。

ア：そうですね。先ほどの質問の続きで，授業での音読方法について聞くと，内容理解の後に1度だけ，先生の後についてリピートさせるというのが圧倒的に多いです。その理由も，「とりあえず1度は声に出して読ませておきたい」ということです。

ヒ：読まないよりはいいですが，これではもったいないですね。

ア：例えば，ポーズを取る位置でスラッシュを入れさせ，意味のまとまりを確認させるとか，音のつながりや変化に注意させるとか，目的を持たせることもできますよね。

ヒ：ただ漠然とリピートしているだけでは，先生のモデルが，発声の合図にしかなっていないこともよくあります。

ア：その時には，教科書を閉じてリピートさせれば，聞こうとする集中力が高まりますね。

ヒ：生徒たちに各自で音読練習させるバズ・リーディングでもいろいろとできますよね。

ア：そうですね。意味を考えながらゆっくりと読ませたければ，3分などと時間を決めて，それぞれの生徒のペースで読ませればいいし，ある程度のスピードで読むことが目的ならば，5回読んだら終了などと回数を指定した指示の仕方に変えればいいわけです。また，バズ・リーディングは机間指導のチャンスでもありますよね。

ヒ：そうですね。机間指導では全員行っているかをチェックするのが第一の仕事です。でもそれで終わっては学園ドラマの一場面みたいなので，次に，生徒はどこが読みにくいのか，読めないのかをチェックすることです。そして共通して困っている点については，個人で読むバズ・リーディングが終わった後に，発音の仕方を教えるといいと思います。生徒は一度では読めるようにならないと思っている方がいいですよね。

ア：なるほど。さて，中学でよく行われているリード・アンド・ルック・アップも，目的に応じて変化させることができますよね。

ヒ：そうですね。読ませる文が簡単な場合，黙読させる時間を短くしたり，または読む文を1文でなく，2文にするなど，生徒たちにとって少しチャレンジングにすることがポイントだと思います。またクラス全体で行った後，ペアで行うこともいいと思います。1人が先生役，もう1人が生徒役でやると，先生役ははりきりますよ。

ア：ペアで行う，なるほどこれもひと工夫ですね。リード・アンド・ルック・アップは高校でも，題材によっては十分に活用できる方法だと思います。

発表活動としての音読
ア：音読は，自分の理解を音声によって表現する手段なので，授業中に発表の機会を設けることが大切ですね。
ヒ：まずペアで行う音読から考えていきましょう。たとえ1人であっても聞き手が存在することの意味は大きいですよね。
ア：そう思います。ただし，聞き手にちゃんと聞かせる仕掛けも必要です。
ヒ：と言うと。
ア：まず聞き手が教科書を見ながら聞く場合です。これは，個々の単語を正確に発音することを目指すペア・リーディングとして行えますが，読み手がわざと1か所間違えて読み，聞き手がそれを指摘するなどの課題を与えることができます。それに対して，聞き手が教科書を見ないで聞く場合には，文全体のリズムやイントネーション，区切りなどに特に注意して内容の伝達を目指します。そこで，読み手はわざと区切り方を間違え，聞き手は理解できない時に"Pardon?"と言って読み直しを要求するなどの決まりで行うこともできます。どちらも正確に音読できるようになってから行う活動ですが。
ヒ：なるほど。同じ活動でもひと工夫で集中力が高まりますからね。
ア：それと，高校の授業でよく見る音読の活動で気になっていることがあるんです。
ヒ：どんな音読ですか。
ア：1人の生徒を指名して，まとまった英文を音読させるものです。
ヒ：それって指名された生徒だけが音読していて，残りの生徒にとっては休憩時間になっている可能性があるということですね。

ア：まさにそのとおりです。これも1人1文ずつ読んでいくとか，1人15秒で交代などの方法に変えれば，もっと多くの生徒，場合によっては全員の生徒が発表の機会を持つことになるのですが。

ヒ：つまりリレー形式にするわけですね。

ア：クラスみんなで作り上げる音読，このほうが授業としても活気も出ますしね。また，定期的に1人1人の生徒が教員に対して音読発表をするような機会も必要だと思います。教員から個々の生徒にフィードバックを与えられますからね。問題はクラス全員の生徒を対象にすると時間がかかることでしょうか。太田先生はどんな工夫をされていますか。

ヒ：私は各学期の終わりに，生徒1人1人と「1分間音読テスト」をしていました。やり方は簡単で，そこまでに習った教科書の範囲の中から，ある1ページを音読してもらいます。どこを読んでもらうかはその場で先生がアットランダムに選びます。音読が終わった後に，良かった点，改善点を簡単にコメントします。1人1分ですから，1時間で終了します。生徒にとっては定期的に音読テストがあるので普段の授業の音読練習に，家庭での音読に気合（？）が入ります。

ア：それはいい方法ですね。1人1人の生徒の音読を聞くことで，その生徒の到達度をつかむこともできるので，ぜひ行いたいですね。

ヒ：「あっ，Aさん，うまくなったなあ」など目立たないけれど頑張っている生徒を発見したり，その生徒に合ったアドバイスができたりと生徒の様子をつかむために，本当に役立ちます。

ア：まさに個に応じた指導ですね。

ヒ：さて，最近は，オーバーラッピングやシャドーイングを取り入れる先生も増えてきましたね。

ア：本当にそのとおりです。私も自分の授業ではほとんど毎時間取り入れています。

ヒ：まず，オーバーラッピングから考えていきましょう。モデルの音

声に声をかぶせるようにして，テキストを見ながら音読していくものですね。英語のスピードに慣れ，リズムやイントネーションの習得にも効果的です。

ア：そうですね。授業中に「スピードが速くてついていけない」とあきらめようとする生徒もいますが，ついていけなくなったらその文はやめて，次の文からもう一度ついていく，というくらいの気持ちでやっていけば次第にできるようになってくるものです。会話文であれば，1人の登場人物の部分だけをオーバーラッピングすれば時間的，精神的にも余裕が出てきます。生徒の状況を見ながら，臨機応変に行うことが大切ですね。

ヒ：次はシャドーイングです。テキストを見ないで，聞こえる音を追いかけていくものです。

ア：私が高校で教えていた時に，毎時間の授業の宿題を「その日に学習した教科書の本文を，次の時間までにシャドーイングができるようになるまで練習してくる」というものにしていた時期がありました。そして，毎回の授業の最初に，前回学習した本文をクラス全員でシャドーイングしていました。シャドーイングができるくらいに本文を読み込んでくる生徒たちは，内容理解はもちろんのこと，そこに出てくる単語もすっかり身についています。時には代表1名の生徒を選んで，その生徒だけがヘッドフォンでCDの音声を聞きながらシャドーイングを行い，その生徒をモデルにして他の生徒たちがシャドーイングを行うという練習もしました。モデルになった生徒は，緊張しながらもかなりの自信をつけていました。

ヒ：なるほど，同じ活動もどんどん発展させていけますからね。これは中学高校の両方で使えそうですね。

ア：あ，言い忘れてはいけないことがありました。

ヒ：何ですか。

ア：生徒の音読の声が小さいと思っている先生方は，生徒にペアでシャドーイングをやらせてみてください。1人の生徒が教科書本文を

音読し，もう1人の生徒がテキストを見ないでそのモデルを追いかけていくのです。ポイントはクラス全体で一斉に行うことです。モデルの生徒たちは，相手にちゃんと聞こえるようにはっきりと大きな声で発音しようとするため，どんどん声が大きくなっていきます。ある時，私が2階の教室で中学生にペア・シャドーイングを行った授業の直後，1階の真下の教室で授業を受けていた高校生から「中学生の英語の声がうるさくて困る」と苦情を言われたことがありました。

ヒ：音読も，ひと工夫することで，いろいろな目的に応じた活動として機能しますね。

コラム⑪ （阿野失敗談）音読で最後まで1人が残り…

ア：クラス全員にしっかりと音読練習をしてもらうために，立たせた状態で音読をさせることがあると思います。生徒一人ひとりが自分のペースで読み，パラグラフ全体を読み終えたら座るというものです。

ヒ：さぼって練習しない生徒が出ないようにというひと工夫ですね。

ア：そのとおりです。多くの場合にはうまく機能するのですが，ある時「しまった」と思いました。それは，ある中学校での講演でのこと。階段教室で200人以上いたと思いますが，全員で英文を音読し，読み終えたら座るように指示をしました。少しずつ座り始め，最後に一人だけ男子生徒が読み続けていました。耳を澄ますと，まだ英文の半分程度を読み終えたところで，しばらく他の生徒たちが待つことになりそうです。やむを得ず"Sit down, please."と言って着席させました。講演後に担当の先生に聞いたところ，英語は苦手だが，いつも真面目に取り組む生徒とのこと。一回限りの飛び込み授業ではありましたが，クラス内の生徒一人ひとりの状況をきちんと把握して，活動を考えなければならないと反省しました。

15. 文法指導にひと工夫
1度目の田中さん，2度目3度目の田中さん

ヒ：阿野先生，田中さんは知っていますよね。
ア：田中さんは何人か知っているけれど，どの田中さんですか。
ヒ：2度目3度目の田中さんですよ。
ア：2度目3度目…どの田中さんかな。太田先生，一体何の話ですか。
ヒ：文法指導の話です。「2度目3度目の田中さん」は文法指導のキーワードです。
ア：うーん，ミステリアスだなあ。ではその田中さんについて教えてください。

2度目3度目の田中さんとは

ヒ：田中さんを新出文法事項と考えてください。私たちはとかく新出文法事項を初めて導入する機会を重視しますよね。
ア：それはそうですよ。最初が肝心ですからね。
ヒ：もちろんそうです。ただこの田中さんと初めて出会う1度目の時に，時間をたくさんかけても，残念ながらすぐ忘れてしまいます。
ア：そうですね。私も最近忘れっぽいし…
ヒ：私もです。1度目の出会いだけでなぜ忘れてしまうかというと，それ以降の出会い，つまり2度目3度目の出会いがないからです。
ア：そうですね。次の授業では新しい文法事項，つまり鈴木さん，石田さんと会うから，田中さんを覚えていられないのですよね。
ヒ：そうなんです。だから田中さんを覚えるためには，また出会う機

会が大切になるのです。

ア：なるほど，2度目3度目の出会いがあると田中さんを忘れないですね。これでなぞが解けました。確かに2度目3度目の田中さん，大切ですね。

ヒ：それでは今回は田中さんとの出会いを考えていきましょう。

1度目の田中さん—導入の仕方

ヒ：まず1度目の田中さんについて考えていきましょう。

ア：そうですね。1度目の出会いは第一印象を決めますからやはり大事ですよね。太田先生は中学校ではどう導入していましたか。

ヒ：まずいつものように若き日々の失敗談から話します。

ア：おっと，得意の懺悔ですね。

ヒ：ええ，懺悔することが多くて。まずは導入に時間をかけすぎてしまったことです。小道具をたくさん使って，生徒に「わぁ」と言わせて，受けを狙うことばかり考えていました。でも時間をかけた割には，新出文法事項の文を聞かせるのが1, 2度だったりしました。

ア：わかりました。この失敗の逆をしようと言いたいのですね。つまり導入には時間をあまりかけず，新出文法事項の文を何度も聞かせる工夫をするのですね。

ヒ：そうです。それとともに大切なことは，田中さんとの出会いの場面，つまりcontextです。その文がどのような場面で使われるのかを考え，生徒にわかりやすく提示することが大切です。文法事項の導入はとかくform（どのような形）とmeaning（どのような意味）の2点に重きが置かれがちですが，use（どのような場面で使われるのか）の視点を忘れないことがポイントです。

ア：そうですね。どのような場面で使うかがわからないと結局使えないですからね。

ヒ：若き日の私は，formとmeaningは考えていましたが，useの視点が抜けていました。useの視点から例文を考えると，例えば

There is ... の文の導入では，There is a cat under the table. より There is a good Italian restaurant near my house. の方がより良い出会わせ方になると思います。この例文で，自分の町の紹介や，食事に誘う場面など，使い方をわかりやすく示すことができますから。
ア：例文，大切ですよね。それでは高校での導入の仕方を話しますね。高校では出会い方に問題があるんです。
ヒ：出会い方に問題ですか。
ア：はい。文法指導と教科書の関連付けがない場合が多く見られるのです。
ヒ：えっ，どういうことですか。
ア：高校では文法の時間を週に1時間，独立させて用意している学校が多くあります。
ヒ：教科書とは別に，文法の参考書や問題集をページ順にやっていく演習形式の授業ですね。
ア：そのとおり。全く context がない中で，form と文字上の meaning だけを覚えていく授業です。
ヒ：それって私の若い頃の失敗と似ていますね。
ア：いや，もっと大きな問題があるのです。
ヒ：というと。
ア：例えば，教科書で仮定法という田中さんに初めて会った時期に，問題集では関係副詞という鈴木さんにも初対面で会っています。田中さんは context から，そして鈴木さんは form と meaning からの導入です。
ヒ：同時に多くの人と会って消化不良になる可能性がありますね。
ア：そうなんです。そこで，文法の授業で扱う学習順序を調整することで，教科書の新出事項を，参考書や問題集で補うことができるのです。田中さんとの出会いの場面で，名刺交換をして，さらに，どんな人かを知るための会話も交わすことができるようになります。
ヒ：なるほど，こうするといい出会いになりますね。中学でもう一点

だけ付け加えていいですか。
ア：もしかして，導入の後のドリルですね。
ヒ：そうです。ドリルは大切だと思いますが，このドリルに context がないと，生徒はただ口慣らしをしているだけになってしまいます。
ア：ではどうしたらいいのですか。
ヒ：場面をきちんと示し，そこで語句を入れ替えて口慣らしのドリルをするといいと思います。
ア：文法指導と場面，切っても切れない関係ですよね。

2度目3度目の田中さん

ア：さていよいよ今回のメイン，2度目3度目の田中さんに登場してもらいましょう。1度目はパーティー会場で田中さんに出会ったとすると，2度目はラーメン屋か居酒屋ですか。
ヒ：阿野先生，夜のモードに入っていますね。それはこの対談が終わった後に行きましょう。2度目3度目の出会いの場はいろいろありますが，まず私は教科書をその出会いの場にするといいと思います。
ア：へえー，教科書ですか。どうやって出会うのですか。
ヒ：まずは Grammar Hunt という活動です。これは2度目3度目に出会わせたい文法事項を教科書の習った範囲から探させる活動です。例えば，There is ... の文を2年生の1学期 Lesson 3 で習ったら，3学期になった時点で，「今までに習った教科書の Lesson 4〜10 の本文から There is ... の文を見つけてアンダーラインを引きましょう」と指示をします。生徒は範囲をさっと読み，アンダーラインを引きます。個人作業の後，2人一組でアンダーラインを引いた文を音読して，意味を確認します。最後にクラス全体で確認します。先生は必要に応じて説明をします。
ア：これは気軽な活動ですね。準備もほとんどいらないし。以前各社の中学教科書での文法事項の頻度を調査したことがありますが，やはり大切なものは繰り返し出ていることが多かったです。

ヒ：ポイントは2度，3度と出会わせたい文法事項を教科書の習った範囲から，手軽に復習できることです。教科書には context があるので，「あっ，こういう場面で使えるのか」と気づくことができます。

ア：いろいろな文法事項を Grammar Hunt できますね。

ヒ：そうです。wh 疑問文，代名詞などそれまで別々のページに出てきたものを比較しながら復習することもできます。

ア：これは使えますね。では高校での2度目3度目の出会いについて話しますね。生徒の中には規則として覚えてきた文法に「どうして」という疑問を持つことがあります。

ヒ：例えばどんな疑問ですか。

ア：動名詞の学習をしていて，want の後には to が来るのに，どうして enjoy の後には -ing が来るのかという疑問などです。ここで「enjoy や give up の後は -ing と覚えなさい」と言ってしまってはもったいないです。

ヒ：to や -ing の意味を教えて，単なる暗記から脱却させるということですね。

ア：そのとおり。want や hope のようにこれからのことを表す動詞には，方向（未来）を表す to がつくけれど，enjoy や give up などは，今していることを目的語にとるので ing になるということを教えると，一気に理解が深まり，使えるようになります。stop の後に ing が来る場合と to が来る場合の意味の違いも自分で理解できるようになりますね。

ヒ：なるほど。疑問を持った時こそ，文法指導の絶好の場ということですね。

最後にもうひと工夫

ヒ：文法指導については今回だけでは語りつくせないのですが，最後にもうひと工夫，これだけは言いたいということはありますか。

ア：はい，以前勤務していた高校で，3年間同じクラスを持ち上がっ

たことがあります。1年生で厚い文法参考書を購入したので，毎時間，授業中に教科書で扱った文法事項を，必ずこの参考書で確認させていました。授業中に2・3回はひいていました。

ヒ：つまり辞書のように使ったということですね。

ア：はい。そして3年生になってこの参考書を横から見てみると，何度も確認したところは手あかで黒くなっているので，大切な文法事項が一目でわかるようになっていました。ページ順に学習していては，どこが大切かわかりませんよね。そして，3年間を通して大切な人，田中さんと同じ場所で出会い続けてきたので，参考書の説明や例文まで頭に残っているというわけです。

ヒ：これなら田中さんのこと，忘れないですね。

アウトプットさせる活動と行ったり来たり

ア：太田先生も最後に一言どうぞ。

ヒ：はい，ポイントは「行ったり来たり」です。

ア：行ったり来たり。どことどこをですか。

ヒ：文法指導とコミュニケーション活動の間を，です。

ア：おもしろそうですね。

ヒ：コミュニケーション活動をすると，生徒は正しく言えない，書けないところがわかります。その時こそ，文法指導の出番です。これも2度目3度目の出会いの1つです。例えば，あるコミュニケーション活動をしていて現在形と過去形の区別ができないことがわかったとします。その時に，先生は文法指導をします。

ア：これも生徒が必要としているから絶好のタイミングですよね。

ヒ：そうです。ポイントは文法指導をした後に，またコミュニケーション活動を行うことです。

ア：そうすると生徒は文法指導の恩恵を得るという仕組みですね。

ヒ：それがねらいです。でも一度文法指導をしたからといって，次のコミュニケーション活動ですぐできるとは限らないということは先

生が肝に銘じておくことです。
ア：そうですね。教えたからすぐ身につくというわけではないですからね。
ヒ：だから行ったり来たり，そして２度目３度目の田中さんが大切ということですね。
ア：あきらめず，少しずつ，粘り強くですね。
ヒ：さて，では居酒屋に田中さんに会いに行きましょうか。

コラム⑫　文型から文構造へ

ア：一つの英文を「文型を変えて書き換える」という練習問題を見ることがありますが，実はとても危険な場合があります。例えばSVOOの文をSVOに書き換えるというようなものです。I gave Ken a watch. という文を，意味と使われる状況を考えずに，I gave a watch to Ken. と機械的に書き換えてしまい，この２つの文は全く異なる場面で使われるということを教えないような場合です。I gave Ken a watch. は a watch にフォーカスがあるため，「健に（洋服ではなく）腕時計をあげた」という場合に使うのに対して，I gave a watch to Ken. ならば Ken が新情報だという違いです。これがわかれば，a watch よりも the watch を使って I gave the watch to Ken, さらには I gave it to Ken. の方がより自然な文であることがわかるようになり，「その腕時計を（耕太にではなく）健にあげた」という意味もつかめます。また，なぜ I gave Ken it. という文が使われないかもわかります。英語では新しくて伝えたい情報は文の最後に来るという原則を踏まえて，文脈の中で文の構造をきちんと教えたいものですね。こうした積み重ねによって，コミュニケーション能力を支える英文法を身につけることができます。

ヒ：文脈を離れて規則だけを教えていく危険性をきちんと認識して，教材を活用していきたいものですね。

16. ドリルの仕方
練習のための練習 There is an elephant on the desk.

ヒ：阿野先生はずっとテニス部の顧問をしていましたよね。基礎的な練習はどのようにしていましたか。

ア：ええ，それはですね。…ちょっと，太田先生。これは英語教育に関しての対談ですよ。どうして部活動の話をするのですか。

ヒ：それが関係するのですよ。今回考えたいことは，「ドリルの仕方にひと工夫」ですから。テニスの基礎的な練習と言えば，素振りが思い浮かびますが，「大切だから，素振り100回！」という指示だけでは生徒はやりませんよね。また，やったとしても，「阿野先生，こんな苦しい練習をさせて，チョームカつく」なんて思われてしまいますよね。というわけで，どうやって基礎練習をさせたのですか。

ア：「チョームカつく」なんて言われたら，私もチョームカついてしまいますよ。そうならないために，基礎練習がなぜ必要なのかを説明します。

ヒ：素振りはなぜ必要なのですか。

ア：いろいろ目的はありますが，例えば上手な選手がどのようにスイングしているかを見て，そのイメージを自分で追体験してみることが1つです。そして素振りを繰り返すことで，実際にボールを打つ時に同じスイングをできるように体に覚えこませるためですね。いきなりラケットを振っても，体が覚えていなければ実際の場面で使うことはできませんからね。

ヒ：頭でわかったことを，実際に使うためのリハーサルを重ねること

で，体にしみこませるということですね。

ア：そして実際にうまくボールを打てたら，その感触を忘れないために，また素振りや球出し練習を繰り返して自分のものにしていくのです。

ヒ：それは英語の授業でのドリル練習と共通する点がたくさんありますよね。

ア：基礎練習をやっていたことで，実際に使えたという体験ができれば，生徒にとっても「やらされている」のではなく，レベルアップするためにやっているということが実感できますよね。

ヒ：なるほど。さすがテニスの阿野名コーチ，うまいですね。この方法は英語の授業でのドリルのさせ方に生かせる点が多々ありますよね。

ア：そう思います。それでは具体的に，英語の授業でのドリルの仕方にひと工夫の話をしていきましょう。

こんなドリルなら必要ない

ヒ：ところでドリルってそもそも必要なのですかね。ドリルって何のためにあるのでしょうか。

ア：太田先生，どうしてそう思うのですか。

ヒ：英語の力をつけるには，基礎基本が大切，だからドリルが大切ということで練習する場合に，次のような授業をよく見るからです。

ア：それはどんな授業ですか。

ヒ：一言で言うと，ドリルに使う例文が「これでいいのかな」と思ってしまう授業です。例えば，There is/are ... の文をドリルで練習する時に，There is a book on the desk. のような文を使ってドリルする場合です。

ア：あっ，その続きは私に言わせてください。大学の英語科教育法でよく使う例があるんです。

ヒ：楽しみですね。どんな例ですか。

16. ドリルの仕方：練習のための練習 There is an elephant on the desk.

ア：まず私が机の上の本を指して，There is a book on the desk. と言って学生が繰り返します。その後，私が a cat というと，生徒は a book を a cat に置き換えて There is a cat on the desk. と言います。

ヒ：机の上の猫ならまだかわいいですね。

ア：そして私が an elephant と言うと…

ヒ：生徒は There is an elephant on the desk. って，これ笑えますね。

ア：そして「象が踏んでもこわれない」と言っても学生にはわからないのですが…

ヒ：おっ，なつかしい。そのコマーシャルはその時代の生徒たちであればわかったでしょうが，今はおやじギャグにもならないですね。

ア：残念ながらそうなんです。それはいいとして，ここで私が言いたいことは，意味をともなわないドリルは練習のための練習に終わってしまうということです。

ヒ：そうですね。私が追加して言いたいことは，例文がこれでいいのかと思うドリルは，「これはどのような場面で使うのだろう」と生徒に思わせてしまう点です。

ア：せっかく生徒が取り組むならば，There is … の形だけの練習で終わるのではなく，意味と場面・機能が明らかな例文でドリルをさせることが大切ですね。

ドリルのポイント 1 ─ 例文が命

ヒ：私がいつも考えていることは，その例文を見たら，どんな時にその文を使うのかがわかりやすい例文，また簡単に場面設定をすることで「あっ，こういう時にこの例文は使うのか」と生徒たちに理解されやすい例文を使うということです。

ア：そうですね。ドリルは例文が命ですね。では太田先生はどんな例文でドリルをさせるのですか。

ヒ：はい。There is … なら，There is a beautiful beach in my town.

のような文です。a beautiful beach のところの語句を入れ替えれば，ドリル練習ができます。これで，There is ... の形と，「…がある」という意味を示すだけでなく，「自分の街にあるものを紹介する」という使う場面を示すことで，他にも紹介してみましょう，といろいろ文を言わせるドリルができます。さらに1文だけで示すのではなく，Why don't we go swimming tomorrow? などの1文を付け足すこともできます。

ア：いいですね。There is は，新しく話題を導入する時に使うということも，文を加えていくことで理解できますからね。

ドリルのポイント2―次を考えてのドリル

ヒ：ドリルを意味のあるものにするためのひと工夫，次は何でしょうか。

ア：それは「次を考えてのドリル」にすることです。

ヒ：ドリルだけで終わらないということですか。

ア：そのとおりです。ドリルは基本的には教員がコントロールすることで，生徒に文の形を定着させるために行いますよね。

ヒ：生徒の自由度は低くなるということですね。

ア：はい。でも授業で私たちが目指しているのは，生徒が自己表現を行える力を養うことでしょう。だからと言って，いきなり「話しなさい」では無理なので，まずはドリルで形に慣れ，そこに自分の考えをのせて表現できることを味わわせることも大切です。

ヒ：高校だったらどんな例が考えられますか。

ア：3年生で進路を考えている生徒たちが，「大学に行きたい。どんな大学かというと」というスピーチをしたり，進路作文を書いたりする際に，I'd like to go to a college that ... と関係代名詞を使って表現できるように，関係代名詞を含む後置修飾のドリルをやっておくということも考えられますね。

ヒ：そうですよね。次を考えてドリルをすれば，「今行っているドリ

ルは次の…がうまくできるために行っているんだな」と生徒たちに理解してもらうことができる。つまりドリルの目的がよりはっきりしますね。

ア：そうですね。やる目的を理解して行うのと，なぜやるのか理解しないで行うのとでは，効果が大きく違いますよね。

ヒ：私の若き日の過ちは，「いいからついてこい」だったことです。目的を理解させることの大切さを痛感します。

ア：太田先生にまた若き日の過ちを思い出させてしまいましたね。

ドリルのポイント3 ― 何かをしてからのドリル

ヒ：ドリルをより良くするためのポイント，まだありそうですね。

ア：あります，あります。ここまでの考え方は「導入をして，ドリルをして，そしてその次の活動につなげていく」という中でのドリルでした。逆もありますよね。

ヒ：わかりました！　何か活動をする，そこから生じる問題に対処するためのドリルですね。

ア：そうです。生徒が言語活動をする中で，自分の言えることと言えないことに気づくこと(noticing the gap)はきわめて大切です。「これを言いたいけど言えない，書けない」という状況を授業に作ります。それを乗り越えるために，ある文法事項や表現方法に焦点を当ててドリルを行うということです。

ヒ：これなら，生徒はドリルに明確な目標をもって，練習にも取り組むことができますね。ドリルの位置づけが決まってきます。

ドリルのポイント4 ― 場面を考えさせるドリル

ア：3つポイントが出たところでそろそろまとめに入りましょうか。

ヒ：待ってください。もうひと工夫，言わせてもらえますか。

ア：もちろん，どうぞ。

ヒ：例文にさらにひと工夫することです。教科書や問題集でドリルの

例文が単文で提示されていた時にいろいろと工夫ができます。

ア：面白そうですね。例えば。

ヒ：まずその例文が使われる場面を考えさせることです。または「どんな気持ちの時にこの文を使いますか」と尋ねることもできます。

ア：先ほどは先生が場面を示しましたが，これを生徒に考えさせるのですね。なるほど，これも逆の発想ですね。

ヒ：そうです。次に場面を考えさせたら，その前か後に1文を付け加えさせます。例えば，I have a lot of homework to do. という文がドリル用の文として教科書に出ていたら，友達の誘いを断る場面で使えると考え，Sorry, I'm busy. I have a lot of homework to do. と前に1文を付け加えることができます。さらに友達の誘いの文（Are you free?）も書かせてもいいでしょう。

ア：いいですね。1つの文から生徒が自分で場面を考え，さらに前後に来る文を考える。そうすることで例文に命を吹き込むことができますね。

高校段階でのドリル

ヒ：ところで高校ではドリルはどう扱われているのですか。

ア：指導する先生によって差があると思いますが，中学に比べて，繰り返し練習の量はかなり少ないと思います。大学生に高校時代の英語の授業を振り返らせると，先生の説明を聞いてわかった気になっていたけど，自分では使えるようにはならなかったと多くの学生が感想を述べています。

ヒ：高校の授業を見せてもらうと，私もそれは感じます。

ア：高校では中学の復習に加えて，関係副詞や仮定法など表現の幅を広げることができる項目を学習します。これってすごくラッキーなことなのですよ。I wish を学習した後などは，「空想の世界で大きな夢を語り合う」などという活動で大いに盛り上がります。場面や状況を考慮した例文を使えば，生徒に言いたいことをどんどん言わ

せることができますよね。
ヒ：高校での広がりを感じますね。さてそろそろ時間ですね。意味のあるドリルにするためのポイントは，位置づけを考えて目的をはっきり理解させること。次に例文に命を吹き込み，場面を示すこと。そして生徒が自分のことを言う，ですね。
ア：まとまりましたね。それでは岡，いや太田先生，素振りの練習をしますか。繰り返しが大切ですからね。
ヒ：はい，宗像，いや阿野コーチ。

コラム⑬　歌の使い方（1）文法に合わせて

ヒ：英語の歌は中学生の時にビートルズに出会って以来好きでしたので，授業でも機会があればいろいろ使いました。文法に合わせて使う場合は，すでに導入が終わった文法事項が含まれている歌を授業の最初に使いました。
　使い方は簡単です。歌詞と訳を載せたプリントを配り，一緒に歌うのです。（注目してほしい文法事項を含む部分にアンダーラインをしておきました。）といっても生徒たちはすぐには歌いませんので，私が楽しそうに歌う，生徒たちはそれを聞いている，からスタートしました。私はまず教師が楽しそうに歌い，生徒たちに「いいなあ」と思わせることが第一歩だと思っています。もちろん若き日の太田先生は「みんな，なんで歌わないんだよ！」と一人で熱くなっていましたが…
ア：一人で熱くなっていた太田先生，想像できますね。
ヒ：またポイントなる文法事項の部分を空欄にして聞いて埋める活動も行いました。「これはいい」という歌については，歌詞を適当な塊ごと紙に書き，それを切ってばらばらにして，並べ替えるという活動も行いました。

17. スピーチ指導
受験に役立つ文法や語彙を習得するチャンス

ア：太田先生，以前と比べて英語の授業にスピーチを取り入れている先生が増えていますよね。

ヒ：そうですね。中学校では教科書にスピーチが載っていることもあって，スピーチ指導をしている先生も多いと思います。高校はどうですか。

ア：オーラル・コミュニケーションの授業やSELHi校があったおかげでだいぶ取り組みが見られるようになってきました。しかし，複数の大学の大学1年生を対象に，高校時代の英語の授業について私が行ったアンケート結果では，高校の英語の授業でスピーチをしたことがないと答えた学生が73％，ごくたまにやったという学生が15％でした。このことからも，まだまだという感じですね。

ヒ：そうですか。やはり先生方の中には，スピーチ指導は一大イベントで，大変な労力を伴うと考えて避けている方も多いのでしょうね。それと，中にはスピーチは受験につながらないと考えている先生も多いのでしょう。

ア：そうかもしれませんね。スピーチは，受験にも役立つ文法や語彙を習得する大きなチャンスなのに，残念ですよね。

話題は身近なところから

ヒ：中学校の教科書にはスピーチのトピックの例も載っていますが，生徒の周りにはたくさん話題はありますよね。

ア：その通りですね。生徒が「話してみたい！」と思うことを取り上げることが大切ですよね。話す内容がなければ，無理に形だけを作り上げることになってしまいますから。そういった意味でも，夏休み明けに "My Summer Vacation" というスピーチをする場合が多いのもうなずけますよね。太田先生は中学で教えていた時に，どんなトピックを選んでいましたか。

ヒ：中学2年では，生徒の生活であったことをトピックにして，9月に夏休みにしたことをスピーチさせていました。これは生徒がそれまでに学習したことを使ってという位置づけで行いました。1年生の3学期に習った過去形を使い，2年生の1学期と夏休みに日記を書かせます。書いた日記の中からスピーチ用に1つ選び，発表をするという流れです。日記を書かせて自分の普段の生活を書くことに慣れ，夏休みのことをスピーチするので，内容は豊富にあります。前任校ではこの形式でスピーチコンテストを30年以上行っています。

ア：なるほど。参考になりますね。

ヒ：高校ではどんな話題でスピーチができますか。

ア：高校の教科書にはさまざまな題材が取り上げられていて，生徒の心に届いているものもあります。どんな時に生徒の心が動いているかは，授業中の生徒の表情からわかりますよね。そんな時に "What do you think about this?" と生徒に投げかけるだけでも，その答えがスピーチになるわけです。授業中に感じたことを，数名のグループの中で順番に発表してみる。これこそがスピーチへの第一歩ですよね。

ヒ：あまり大きく構えないで，できることから始めることですね。

スピーチ課題の提示の工夫

ア：スピーチの課題をどう提示するかも大切ですよね。

ヒ：そのとおりです。例えば「自由にやっていい」なんて言われるこ

とほど，生徒にとって難しいことはないですから。

ア：そうですね。先ほどあがった夏休みについてのスピーチでも，「次の時間にスピーチをしてもらいます。時間は1分。夏休みの思い出についてのスピーチを用意してきなさい」というような指示では，生徒も当惑してしまいますよね。

ヒ：では具体的にどうすればいいのですか。

ア：まず発表時間の提示方法です。いきなり「1分間」とだけ言われると，内容よりも時間ばかりを気にして，1分まで引き伸ばそうとすることになります。そこで，まずは話したい内容について授業中にキーワードだけでも書き出させて「たくさんあるね。でも何とか話題を絞ってみてね。時間は1分しかないから」と言えば，時間のプレッシャーから解放されて，話す内容に集中でき，自然とスピーチの組み立てにも目が行きます。それと，評価の観点を事前に生徒に知らせてあげると，何に気をつけてスピーチをしたらよいかもわかりますよね。太田先生は，どんな点を評価項目としていましたか。

ヒ：前任校の英語科で話し合って決めたのは，次の4項目です。1. 内容（スピーチの内容が聴衆をひきつけるものであるか）2. 話しぶり（聴衆に向かって話しているか。はっきりと聞こえる声で話しているか）3. 発音（通じる発音をしているか）4. 文法・語彙（適切な文や語を使っているか）

ア：いろいろとありますね。課題提示の段階で「今回は聞き手とのアイコンタクトができているかを見せてもらうから，特にそこに気をつけてね」と言えば，生徒は目標を定めやすいですよね。

ヒ：とかくわれわれ教員は多くを求めがちですが，授業で指導してきたことをもとに観点を決めることが大切だと思います。

ア：あと，単純なことですが，スピーチの始め方や終わり方などがわからずに困っている生徒も多いので，事前に教えてあげることでスピーチの内容にフォーカスできるようにもなります。例えば

"Hello!" と言って始めるとか。

ヒ：そうすれば，スピーチの終わりに "Finish." なんて言う生徒もいなくなりますよね。"Thank you." という一言が出てこなくて立ち往生する生徒もいますからね。

ア：そうですね。それと実物提示を使えば，もっとイメージがつかみやすいですよね。

ヒ：実物提示って何ですか。

ア：文字通り実物を見せること。つまり，前年度の先輩のスピーチのビデオを見せたりすることです。そうすると，口頭で説明するよりも，発表の仕方なども具体的にわかります。また，内容についても，ただ夏休みにやったことを順番に報告するのではなく，ある1つの話題を広げていく方が内容的に深みがあることにも気づきますよね。ディスコースを意識した指導にもなります。

ヒ：実物提示，いいですね。

発表直前の指導

ヒ：1時間で全員の生徒にスピーチをさせる場合，時間を気にするあまり，チャイムと同時にいきなり順番にスピーチを始めるなんてこともありますよね。

ア：実は私も以前にそのようなことをやったことがあります。でもこれでは当然うまくいきませんし，授業が指導の場ではなく，ただの発表の場で終わってしまいます。体育の授業でも，ウォーミングアップなしに，いきなり本番ではけがをしてしまいますよね。

ヒ：英語では身体的にけがをすることはないから気づかないこともありますよね。阿野先生はどのようなウォーミングアップをしますか。

ア：まずは全員が窓や壁に向かって個人練習をします。聞き手はいませんが，実際に大きな声を出して話してみることで，最初のリハーサルにはなります。

ヒ：なるほど。次はどうしますか。

ア：今度は私が教壇に立ち，全員の生徒が私とアイコンタクトを取りながら，私に話しかけます。もし，私に話しかけていない生徒がいたら，すぐに近づいて信号を送ります。自然とジェスチャーなども交えながら話しかけてきます。当然，全員のスピーチを一度に聞くことはできませんが，あたかも聞いているようにうなずいたりしています。

ヒ：演技も必要ですね。いよいよ次は発表ですか。

ア：このまま本番に移ることもありますが，まだ準備が不十分だと判断した時には，一度，数名のグループの中でリハーサルをします。それぞれの生徒のリハーサルの後に，聞き手からのフィードバックの時間を取ることで，直前に改善点を発見する生徒もいます。こうして発表までに少しでも完成度を高めていくようにしています。

ヒ：教師からだけではなく，生徒たちが自分たちの力でスピーチを仕上げていく場を持てるということですね。

発表後のフィードバック

ア：発表後の教師からのコメントも，"Good job." や "Great." だけではなく，やはり具体的なアドバイスをする必要がありますよね。太田先生ならどんなアドバイスをしますか。

ヒ：「事実だけでなく，感想を述べていたのが良かったね」「Then, After that などつなぎの語句を使っていて流れがわかりやすかったね」などとできるだけ具体的に良い点をほめます。その生徒をほめるのですが，クラス全体に「真似しよう」というメッセージも込めています。

ア：このようなアドバイスだと，生徒も何をしたらいいのかはっきりとわかりますよね。

ヒ：阿野先生はどのようなフィードバックをしていますか。

ア：私は，まずごく簡単な感想を述べるだけで，すぐに生徒をグループに分けて「どうしたらさらに良いスピーチをすることができるか」

というテーマで，日本語で話し合いをさせています。友達のスピーチから学ぶべき点を具体的に出すとともに，改善するとよいと思う点についても考えさせています。その後で，それぞれのグループから話し合いの報告をしてもらい，そのレポートをもとに私なりのコメントを加えていきます。

ヒ：スピーチ後にもグループ・ワークが機能するのですね。

ア：生徒ががんばったスピーチですから，生徒自身でもしっかりと考える機会を持たなければもったいないですよね。

評価，それとも指導？

ヒ：スピーチを毎時間の最初に2人ずつ行うなど，帯プログラムとして授業に組み込んでいる先生もいらっしゃいますね。

ア：これもとってもいいと思います。以前，ある先生から質問があったのですが，この方式だと生徒の発表に時間的な差が出てしまい，最初のほうにやる生徒は，評価に関して不公平になると言っていました。

ヒ：これは評価のためにスピーチを行うと考えているからですね。

ア：その通りです。クラス内で順番にやっていけば，毎時間クラス全員で学び合いができます。つまり，クラスメートのスピーチから参考になる点を学ぶことができるので，これからスピーチをする生徒は質的に向上させることができますし，すでにスピーチを終えている生徒も，「もっとこうすればよかった」と次回への改善点をまとめていくことができます。

ヒ：クラス全員で高め合う，これが授業ですよね。学期末に到達度を見たければ，実技テストとして別に設定すればいいわけですから。

ア：まずは生徒の力を伸ばす。その後に評価がくるということですね。実力を試す場として，校内スピーチ大会を開いている学校もありますが，具体的な目標を持つことも，生徒のモチベーションを高めることになりますね。

ヒ：今回はスピーチ指導について話し合いましたが，これはスキット指導などにもそのまま応用できますね。

ア：そのとおりだと思います。まさにスポーツと同じですが，何をやったらいいのかのイメージをつかむことから始め，発表に向けてリハーサルを繰り返すことで完成度を高め，本番終了後には振り返って次回につなげる，ということですね。

コラム⑭　もう一文書かせる（話させる）指導

ア：私たちはつい，「もう一言付け足していいですか」なんて気軽に話してしまいますが，というか話し過ぎてしまいますが，生徒たちにもう一文話させる，または書かせる指導は難しいですよね。

ヒ：本当にそのとおりです。どうしたらいいかな，と思っていた私にヒントをくれたのが，中学校で生徒が書く「夏休みのしおり」の一行日記でした。

「プールに行った」「テレビで高校野球を見た」など一文だけで終わっている日記が多かった中で，「プールに行った。混んでいたけれど楽しかった」などと事実に感想を付け足していた生徒の日記を見た時，「これだ！」と思いました。そこでまず感想を付け足させようとしました。

生徒の日記をさらに見て行くと，「映画に行った。もののけ姫を見た。感動した」と，ただ映画に行っただけでなく，タイトルまで書いてある日記を見つけました。そこで次に具体的なタイトル，番組などを書くように促しました。このように私の一文足して書かせる指導内容は生徒が教えてくれました。

次に教科書はどうなっているのかな，どう一文付け足しているのかな，と思い，チェックしました。なんと中1の早い時期から Yes, I do. No, I don't. の後にもう一文付け足されているではないですか。それからは「教科書を見てみよう。例が載っているよ」と言うようになりました。「教科書に戻る」という発想はこの頃から始まりました。

付録1：日々の授業のための教案を書く留意点：
メモから進行表，そして授業記録へ 〈アノ先生の場合〉

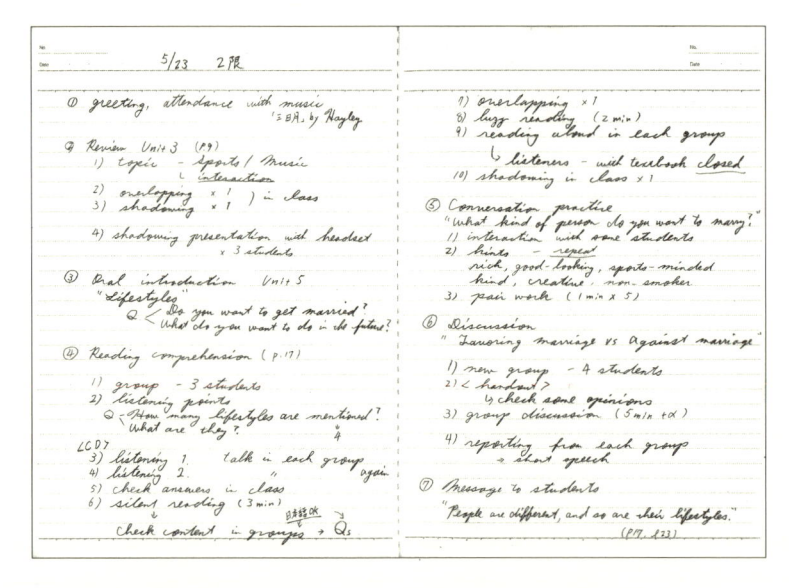

(1) 授業中，教卓に開いたままにしておけるように，2ページ以内を原則とし，見開きでページを使う。

(2) 何度でも書き直しができるように鉛筆で記入する。授業後のメモはボールペン（黒・赤）を使い，区別する。

(3) 英語で進行する部分は英語で、日本語で説明する部分は日本語で書く。これによって，授業時の言語の切り替えが楽になる。

(4) それぞれの活動に通し番号をつけ，さらにその下位区分にも番号をつける。これが，授業で行っている箇所を見失わない助けになる。

(5) 時間に縛られた進行にならないように，時間を記入する場合には大枠の目安の記入にとどめる。

(6) 授業の進行が一目でわかるように行間にスペースを取る。このスペースを授業後のメモに活用する。

(7) 発問には「Q」，繰り返しには「×回数」のように記号を使う。ただし省略しすぎるとわかりにくくなるので注意。

(8) 読者は自分1人。自分が書きやすく読みやすい字であればOK。誤字などは気にしすぎない。

(9) 授業記録にするためには、科目ごとに用意した大学ノートの利用が便利。授業が日付・時限順に整理される。〇年度〇月〇日〇時間目の授業記録としてすぐに探し出すことが可能になる。

第3部

指導技術

18. 机間指導
ただ回っているだけではもったいない！

ヒ：阿野先生，授業をする際にいつも思うのですよ。いろいろなやり方を知っておくと，いろいろな授業，生徒たちに対応できるからいいですよね。

ア：そうですね。1つのやり方しかしないと，ある生徒には合っていても，他の生徒たちには合わないかもしれませんからね。

ヒ：「いろいろなやり方を知る→試す→自分の教室に合わせて変える」，このサイクルが大切ですね。

ア：そうですね。本書が読者の先生方のバリエーションを増やすことに役立てばと思います。

ヒ：対談を楽しみながら，そうしていきましょう。さて今回は机間指導をより効果的にする方法を考えたいと思います。学園ドラマでも授業の場面でよく出てくるのが，先生が生徒の間を回る，机間指導です。例えばある授業の状況「新しく習った文法項目を使ってのペア・ワークの場面」で先生が机間指導をすると考えましょう。私がよく見るのが，先生はただ生徒の間を回って，やっていない生徒がいないか，苦手な生徒たちもやっているかどうかを見るだけの場合です。やっていない生徒に注意することはとても大切だと思います。でもそれだけではもったいないと思いませんか。

ア：確かにそのとおりですね。そういう場合，太田先生は何をしたらいいと思いますか。

生徒の様子をモニターする

ヒ：まずは先生が生徒の活動状況をモニターした後，その様子に従って行動することだと思います。

ア：具体的にはどうするのですか。

ヒ：最初は生徒がその活動をやれる状態になっているかどうかをチェックすることだと思います。ペア・ワークをやらせて，「あっ，これはだめだ」と思ったら，活動を途中で止めることです。

ア：例えば生徒の口から英語が出てきていない時などですね。

ヒ：そうです。そしてペア・ワークで練習するターゲット文の発音の仕方を確認する，リピートするなどもう一度練習することが大切だと思います。その後またペア・ワークを再開するといいと思います。私もよくやりますが，準備不足で始めてしまうことが多いのです。そういう時は止めて，練習に戻ることが大切です。

ア：一度始めると，どんな状況でも最後まで続けてしまうことが多いですよね。

ヒ：そうですね。でも口慣らしが十分でないのに，ペア・ワークをしても，やる意味は半減してしまいますよね。ところで阿野先生は「十分な状態ではない」と思い，活動を止めた時，どのようなことをしますか。

ア：ターゲットの文を確認する以外にも，日ごろ説明だけで終わってしまっている表現などの使い方を示すこともできますよね。例えば，ペア・ワークで意見のやり取りの場面があれば，途中で止めて "I agree with you." や "I don't think so." などを全員でリピートするだけでも，多くの生徒がこうした表現を意識して使うようになってきます。また，話が続かないペアが多い時には，"What did you do there?" や "What kind of ～ ?" などのフォローアップ・クエスチョンを示すだけでも，生徒にとっては助けになると思いますね。

ヒ：そうですね。ターゲットの文以外にも練習することはありますね。

ア：次の段階では何をしたらいいと思いますか。

ヒ：生徒がどのくらい話せるのかの状態をチェックするためにモニターすることが大切だと思います。

ア：例えばどのようにですか。

ヒ：まずは生徒の話していることをよく聞きます。そのためには一組のペアの活動状況を２，３秒立ち止まって聞くことです。または聞くだけでなく，ある生徒とペア・ワークをしてみることもいいと思います。

ア：実際に生徒と少しでも話してみると，生徒の状態がわかりますよね。こうしてモニターした後が大切だと思いますが，どのような行動に出るといいと思いますか。

ヒ：やることは３つです。まず生徒との会話を楽しむことです。

ア：教師も楽しむということですね。

ヒ：ええ。ペア・ワークは練習のためですが，生徒と会話する際に先生が練習をしているんだという姿勢で話すより，生徒と英語で会話しているんだという姿勢で話した方がいいですよね。

ア：そのとおりですね。その方が生徒もやりがいがありますよね。次は何ですか。

具体的にほめる

ヒ：２つ目はその場でほめることです。

ア：その場でほめる，ですね。

ヒ：その方が効果的だと思います。ほめることはいろいろあると思います。発音をほめる，声の大きさが十分であることをほめるなど，その生徒の状況を知っている先生だからこそ，一人一人に合わせてほめることができると思います。

ア：ほめる際のポイントは何ですか。

ヒ：まずは先生がほめる言葉をいろいろ用意することがスタートになります。

ア："Very good." だけでなく，"Excellent."，"Well done." などの

言葉ですか。

ヒ：そうです。私はこういう言葉は ALT から教えてもらいました。ほめる言葉はいろいろあるんだなぁと思い，それを教室ですぐ使ってみました。

ア：ALT から教わるというのはアイディアですね。生徒がほめられた時に，何についてほめられているのかわかるようにすることも必要ですよね。

ヒ：そうですね。具体的にほめることが大切だと思います。"You did a good job." だけでなく，"Your pronunciation is good." など具体的に良い点をほめるといいと思います。

ア：ほめた内容が英語ではうまく生徒に伝わらない場合はどうしますか。

ヒ：そういう場合は，英語でなく，日本語で具体的にほめるといいと思います。「〜さん，はっきり発音できるようになったね」「〜くん，Yes, I do. の後に I like tennis. と具体的に付け足していたね。すごいね」などと。

ア：具体的にほめる，大切ですよね。具体的にほめられれば，生徒の動機づけにもなりますからね。それでは3つ目は何ですか。

ミスを見つける

ヒ：ミスを見つけることです。阿野先生は生徒のペア・ワークでミスを見つけた時，どのように対処するのですか。

ア：生徒と近い距離で直接会話ができるメリットを生かして，まずは暗示的なフィードバックを与えることで会話の流れを止めないようにしています。例えば生徒が "I go to Yokohama yesterday." と時制の誤りをしていた時には，その言葉を受けて "Oh, you went to Yokohama yesterday." と went に多少のストレスをおくことで，本人に間違いを気づかせるようにします。こうすることで，正確にコミュニケーションを取るためには文法が大切なんだ，と生徒自身

が気づいてくれるといいですね。

ヒ：これはいい方法ですよね。ミスに対する先生のフィードバックの1つとして身につけておきたいですね。

ア：先生が生徒の活動状況をモニターした後，その様子に従って行動すること，いろいろありますね。まだ他にありますか。

良い点，共通するミスをクラス全体でシェアする

ヒ：あります。それは「個の活動状況をクラス全体でシェアする」ことです。

ア：例えばどんなことですか。

ヒ：まずは good example をシェアします。あるクラスでこんな場面を見ました。中１で生徒たちは，毎週月曜日に何のテレビ番組を見るかについて話をしていました。机間指導をしていた先生は，ある生徒の話を聞いた後，活動を止めて次のようなことをクラス全体に言いました。「見た番組が２つ以上ある場合はどう言ったらいいと思う？」生徒に考えさせた後，and と黒板に書き，「and で付け足すといいよ」と言いました。「あー，そうか」「そうすればいいのか」と言う生徒たちの声が聞こえました。その後，その先生は I watch（番組名）and（番組名）．と and を使った文をリピートさせて，またペア・ワークを再開させました。

ア：その後のクラスの様子はどう変わりましたか。

ヒ：and を使えることがわかった生徒たちは，より活発に話し始めました。この先生に「どうして活動を途中で止めたのですか？」と後で尋ねたら，「ある生徒が I watch（番組名）and（番組名）．と and をうまく使っていたので，それをクラス全体に伝えたかった」と答えてくれました。この先生がしたことがまさに個の good example をクラス全体でシェアすることのいい例です。クラスで活動するポイントの１つがお互いに学び合うことだと思います。

ア：good example をシェアしたら，次は，common mistake のシ

ェアですね。

ヒ：そうです。生徒のミスを見つけた時,「これは皆に共通したミスで,クラス全体でシェアした方がいいな」と思ったミスはシェアすることが大切だと思います。

ア：太田先生はどのようにミスをクラス全体でシェアしますか。

ヒ：私が行うやり方は次の通りです。

1. common mistake を黒板に書く。例えば What do you like sports? とミスが含まれている文を書きます。
2. 次に生徒たちにミスを探させます。例えば "Okay, there is a mistake in this sentence. Please find it. Work with your partner." などと言い,ペアで相談させます。
3. 生徒たちに考えさせた後,クラス全体でミスの確認をします。
4. その後,先生が簡単に文法の解説をします。そして正しい文をリピートした後,またペア・ワークを再開します。

ア：good example のシェアと基本的には同じ流れですね。机間指導だからこそやれること,いろいろありますね。

ヒ：そうですね。最後に1つ言っておきたいのは,「活動中にモニターしたことは活動後に生かしてもいい」ということです。

ア：そうですよね。活動中にモニターしたことをすぐにその場では生かせないこともありますよね。

ヒ：そうだと思います。そういう時は,good example や common mistake を後でシェアしてもいいと思います。

ア：ペア・ワークの後で数組のペアに発表させる時などですね。

ヒ：そうです。私は発表してもらう時にシャイで目立たないけれど一生懸命がんばっている生徒を当てることがよくあるのですが,ある時こんなことがありました。その生徒はおとなしく目立たない生徒でした。でもペア・ワーク中に一生懸命に活動しているのがわかったので,私は「You did a very good job. 後で当てるから,発表してね」とその生徒に言いました。そしてペアで発表させる時に,そ

の生徒のペアを指名しました。授業後,「よかったよ。はっきり発音できるようになったね」とほめると, その生徒はニコッとしたんです。

ア：モニターしたからこそできたのですね。この生徒にとっては, 英語学習への大きなきっかけになったかもしれませんね。

ヒ：あの笑顔は忘れられません。机間指導のポイントは「モニターする→モニターしたことを受けて行動する」この流れだと思います。

コラム⑮　指名の仕方──偏りをなくすために

ア：指名は偏りが出てしまい難しいものです。手を挙げる生徒たちを中心に当てていると, 授業は活発に見えても一部の活発な生徒たちだけと行う授業になってしまいます。そこで手を挙げていない生徒たちにも当てることが大切だと思います。

ヒ：そうですよね。その時に気を付けなくてはいけないのは先生が自分の指名のくせを知っておくことです。私はかつてこんな失敗をしました。授業中難しい質問をした際にいつも当てる生徒が数人いました。私は意識していなかったのですが, ある時, 生徒たちに「先生, 困るといつも～さんと～さんを当てるよね」と言われてしまったのです。私は指名をする際のくせを意識していなかったのです。

　またある時は「先生, いつも左側から当てるよね。私と周りの人がいつも最初に当たるんだから」と生徒に言われました。これも言われてハッとしたことでした。それぞれの先生には「かつての私」ほどひどくなくても指名に傾向があるかもしれません。そのことを意識しておくだけで指名の偏りをなくすことができると思います。

　その時から私は指名する前にまずクラス全体を見渡すようにしました。この時間にして数秒が違いを生みました。生徒たちの表情がよく見えて,「さて誰を当てようかな」と思うようになったのです。

19. ペア・ワーク，グループ・ワーク
組み方・フォローアップ・活動時間

ア：以前，都内のある中高一貫校で授業を見せてもらう機会がありましたが，その学校では中学1年生から高校3年生までの全教科，すべての授業でグループ・ワークを取り入れる試みをしていました。どの英語のクラスでも，4人1組のグループで机を向かい合わせて座り，全員の生徒が生き生きと授業に取り組んでいる姿がとっても印象的でした。

ヒ：先生個人や学年での取り組みはあると思いますが，学校全体，しかも全教科でグループ学習に取り組んでいるというのはめずらしいですね。

ア：そうなんです。学年進行とともに生徒たちもグループ・ワークに慣れてきているとのことでしたが，特に印象的だったのが高校2年生の授業です。生徒たちは，グループの仲間と協力しながら英文を読んだり，聞き取ったりしていました。まさに学び合いの空間です。生徒たちの中に入って活動の様子を見ていましたが，それぞれの生徒が自分でしっかりと考えてから質問し，お互いにアイディアを出しながら助け合っていました。

ヒ：私も中学校の授業ではグループ・ワークを活用している授業をよく見ていますが，高校でのこうした例は少ないのではないですか。

ア：私もそれは感じています。どうしても高校では扱う英文の量が多く，難易度も高くなってくるため，教師が知識を与え，生徒がそれを覚えていくというパターンが多いのは事実ですね。しかしこれで

は生徒が自分で英文を読んでいく力が伸びないことに気づき，最近ではペア・ワークやグループ・ワークを取り入れる高校の先生が増えてきています。

ヒ：いくら教師ががんばっても，生徒が自分で英語を使っていかなければ，力はつかないですからね。

ア：特に最近の大学入試問題は，読む量が多くなっているため，自分で読める生徒を育てなければ通用しなくなってきていますよね。

ペア・ワーク，グループ・ワークは授業の一部

ヒ：問題は，生徒中心の授業展開にしたいと考えているけれども，ペア・ワークやグループ・ワークをうまく使えない，あるいはどう使ったらいいかわからない時ですよね。

ア：そこが問題ですね。今回はこの話題を中心に進めることにしましょう。まず大切なのは，こうした活動を特別なものと考えず，毎日の授業の一部として取り入れてしまうこと。よく「今日はペア・ワークをやるぞ」と意気込んで，授業の後半に長い時間をとり，それまでの授業と切り離してしまう例があります。でも，通常の授業を行う中で，教師が何か質問を投げかけ「まずペアで答えを確認してみて」と言うだけでも，全員が答えるチャンスを作ることができます。ただ答えが与えられるのを待つスタイルの授業と比べて，生徒の参加意識も変わってきますよね。

ヒ：そうですね。ペア・ワークを日頃の授業の活動に取り入れることが大切だと思います。例えば中学で私が行ったことは，ドリルの場面で，絵を示し文を言わせる活動でも，先生が1人の生徒に文を言わせる前に，ペアでお互いに文を言い，その後クラス全体で確認するようにすると，授業での各生徒の活動量が増えます。

ペアの組み方を工夫する

ア：それなら，現在の授業スタイルを変えずに，すぐにでも取り入れ

られそうですね。あと私が授業を見ていて気になっているのが，ペアの組み方です。いつもとなりの席の人とばかりで，1時間，場合によっては席替えまでの間，ずっと同じペアなんていう例もありますよね。

ヒ：生徒にはやっぱり相性もあるし，人間ですから，相手によってやる気に影響することも多いですよね。席を動かなくても，となり同士，前後，斜めなどいくつかのパターンを作っておいて，「今回はパターンA」などと指示することもできます。阿野先生はどうしていますか。

ア：私の授業では，ペア・ワークはほとんどの場合，起立して向かい合って行うので，すぐに生徒が場所を移動することができます。そこで，半分の生徒が順に場所を移動していくようにしています。例えば，左右となり同士でペアを組む場合には，左側の生徒は動かずに，右側の生徒だけが1つずつ後ろの席に移動して行き，1番後ろに来た生徒は，自分の列以外の右側の列の先頭に行きます。これで，クラスの半分の生徒とペアを組むことができます。前後でペアを組む場合にも，後ろを向いている列の生徒だけが左に移動していき，列の1番端に来たら反対側に移動していくようにします。この2つのパターンで，左右・前後の動く列を変えれば，4通りのパターンができますよね。これを授業ごとに組み合わせることで，数回の授業を行ううちに，それぞれの生徒がクラスのほとんどの生徒とペアを組むことになるわけです。これはもう20年以上前に同僚の先生に教えてもらった方法ですが，それ以来ずっと使っています。

ヒ：生徒は，授業中いつも動いている感じですね。ではペアを変えるメリットについて考えてみましょう。まず，公立中学のように同じクラスの中に学力差がある場合，いろいろなレベルの相手と活動ができるということがありますね。

ア：それは大きいですね。相手によって，ペア・ワークをリードしたりリードされたり，教える立場になったり教えてもらう立場になる

ことで，クラス全体でレベルアップが図れます。また，同じ活動を何回か繰り返すことで，1回目でうまくいかなかった生徒も，2回目でその経験を生かして再び活動に参加し，3回目で完成・定着させていくというように，生徒1人1人のレベルを高めていくこともできます。

ヒ：生徒同士で教え高め合えるということですね。では，グループ・ワークではどのようにグループを作りますか。

グループの作り方と教師の役割

ア：私はいつもトランプを使っています。これで毎回違うグループを組むことができます。1人1枚ずつ配り，カードの番号が自分のグループの番号になるので，座席もすぐに指定できます。さらに，「ハートが司会，スペードがレポーター」というように，あっという間に役割の決定もできて，大変便利です。

ヒ：なるほど。この方法だと全員に平等に役割を与えられますね。いつも同じ生徒が司会になりがちですが，これだと，こうした生徒が司会を助ける役割も体験することになりますね。

ア：そのとおりです。ただ，やはり司会になったものの，なかなかうまく進行できない生徒がいて，活動がうまく機能しないこともあります。その時に大切なのが18章の話題「机間指導」ですよね。

ヒ：そのとおりだと思います。教師の役割は，ただ回っているだけではもったいないですよね。生徒の様子をモニターして，いい例は発表させたり，紹介したりして，クラス全体でシェアする。共通する間違いを見つけたら，その場で止めたり，活動の後でその間違いを示し "Find the mistake." と生徒たちに気づかせたいですね。

ア：教師は知識を与えようとがんばるのではなく，生徒をいかに学ばせるかに力を注ぐということですね。「何を教えるか」から「何を学んでもらいたいか」という発想の転換がポイントになるかと思います。これは，サッカーや野球の名監督が，選手に教え込むという

よりも，どう選手の力を引き出すかに力を注いでいるのと同じように思いますね。

活動に取り組まざるをえない状況を作る

ヒ：まさにその通りでしょうね。あと，ペア・ワークやグループ・ワークのフォローアップも成功の秘訣ですね。

ア：私も同感です。なかなか活動に取り組まない生徒に対して，「しっかりやろうね」とか声をかけるのも大切だけれど，それよりも，やらなければならない状況を作っておくことのほうが効果は上がりますよね。

ヒ：例えばどんな？

ア：過去形の定着のために，週末にしたことについてペアで話をしたとします。何回か会話をした後で，ランダムにペアを選んで，お互いにパートナーの話をレポートするということもできます。つまり，しっかりと相手に質問をして情報を集めておかなければ，後で困ってしまうということを事前に生徒に知らせておくことです。

ヒ：なるほど。レポーティングの活動を取り入れるということですね。同じことはグループ・ワークでもできますね。

ア：そうですね。グループ内で導き出した答えや共有した情報を，全てのグループが20秒以内にまとめてレポートするというように，短い時間でもこうした活動が入ることで，生徒の活動に対する集中の度合いが変わってきます。もちろん，それぞれのグループからのレポートが同一のものになるような活動の場合には，トランプを使って代表のグループを選び，レポートさせることになります。

活動時間の設定にひと工夫

ヒ：生徒の集中という話が出ましたが，ペア・ワークやグループ・ワークは時間を区切って集中させることが大切かと思います。多くの先生にとって，キッチンタイマーが今や必需品になっているのもこ

のためですよね。

ア：私も，たとえ教科書はなくても，タイマーなしでは授業ができないという感じです。(笑)

ヒ：タイマーだと「あと1分」などと途中で生徒に時間の経過を提示することもできますよね。また，わざとペア・ワークやグループ・ワークの時間を多少短く設定して，一度止めて，生徒たちに「まだ時間が足りない」と思わせ，"Do you want to talk more? Okay, I'm a kind teacher, so I'll give you three minutes." などと言い，生徒たちにさらにがんばるように仕掛けるのも方法ですよね。

ア：私もいつもその方法は使っていますよ。とっても効果的ですよね。短い時間で活動を区切るにはタイマーが便利ですが，ある程度の時間を使う時には，音楽も効果的です。例えば，「チャットを3分間続ける」という課題を出した時に「"Top of the World" が終わるまでがんばって話し続けよう」というように使っています。BGMに音楽があると，音楽に声がかき消されるため，まわりに聞かれている心配がなく活動に没頭できるというメリットもありますね。自然と生徒の声も大きくなります。最近は生徒がよく知っている日本のヒット曲の英語カバーもたくさん発売されているため，こうした曲をかけておくことも，生徒への動機づけになることもあります。ただし，生徒が音楽に聞き入って，肝心の活動への参加を忘れない程度にですが。(笑)

ヒ：音楽はいろいろな使い方ができますよね。なるほど，ペア・ワークやグループ・ワークも教師の仕掛けがキーになるということですよね。

ア：そのとおりだと思います。生徒が主体になって活動に取り組んでいる授業は，実は授業プランがしっかりしているからなのです。「教える内容」の教材研究だけに目を奪われるのではなく，「この教材だったら，どのように使って生徒に力をつけさせてあげられるか」という教え方とのバランスが大切ですよね。

ヒ：全くそのとおりだと思います。なぜその場面でペア・ワーク，グループ・ワークを取り入れるのかの目的をはっきりさせることですよね。

ア：はい。話したいところを教師が我慢してでも生徒に考えさせ，発表させる。やはり，授業の中心は学習者である生徒。ぜひ，そのためのペア・ワーク，グループ・ワークであってもらいたいですね。

コラム⑯　私が影響を受けた（すごい）授業・先生（2）

ア：2校目に転勤してしばらくしたある日，廊下を歩いていると2つ先の教室から生徒たちの話し声が聞こえてきました。「授業中なのにずいぶんうるさいなあ。自習かな」と思いながら，その教室の前を通りかかった時に衝撃的な事実に直面したのです。教室から聞こえてきている声は英語ばかり。なんと生徒たちが大きな声で話しているのは英語だったのです。時には笑い声も聞こえていましたが，とにかくどの生徒も英語で話し続けていました。ふとドアの窓から教室の中に目をやるとそこには楽しそうに英語を話す生徒たちとその間を歩くA先生の姿。生徒が机に向かって学習する時間が多くを占める私の授業とは様子が違い，英語の学習を楽しんでいました。その後，その先生にはいろいろとご指導いただきました。どうしたらあそこまで生徒を英語に向かわせることができるのか，その秘訣を何としても教えていただきたかったのです。

ヒ：それでどんなことを学んだのですか。

ア：例えばペア・ワークの動かし方。次々と相手を変えながら活動すると，生徒もどんどん活動にのめりこんでいきます。そしてもう一つ。「アノちゃん，生徒をファーストネームで呼べるようになると，英語の授業もひと山越えるよ」というアドバイスをもらいました。

ヒ：それで阿野先生は今でも学生をファーストネームで呼んでいるのですね。

20. 板書とハンドアウト
残す・つなげる

ア：太田先生，今回のテーマは板書とハンドアウトにしましょう。
ヒ：板書とハンドアウトですか。なぜ２つの項目を一度に取り上げるのですか。
ア：２つは別の役割を持ちながらも，相互に補い合うものだからです。これは私の若き日の過ちから気づいたことです。
ヒ：今回は阿野先生の若き日の過ちですね。
ア：はい。私たちはお互い若き日の過ちから多くのことを学んできましたよね。
ヒ：そうですね。でも今もまだ若いので，「より若き日」の過ちですね。
ア：太田先生もそろそろ…。では本題に戻りましょう。私の教員１年目の話です。なかなか生徒を授業に集中させることができなかったので，ハンドアウトに空欄を作って授業中に記入させていました。
ヒ：どんな部分を空欄にしたのですか。
ア：単語の意味や，ターゲットになる英文の日本語訳などです。生徒は空欄を埋めるために授業を聞くようになりました。
ヒ：授業が成立したんですね。それは良かったのではないですか。
ア：良くないんですよ。授業は一見成立しているように見えましたが，生徒の頭の中に学びは成立していなかったのです。ひどい時には，空欄に入る単語を板書して写させたこともありました。
ヒ：ただ写しているだけということですね。
ア：はい。生徒の手元に授業の記録を残すためならば，最初から空欄

の部分の英語も印刷しておいて，その時間を音読や別の活動に使えるわけです。和訳をしている時間を節約して活動を増やすために日本語訳を配布するのと同じ考え方です。

ヒ：そして板書も同じで，ただ写させるためではもったいないということですね。

ア：そうです。授業の必要な場面で，単語や英文を黒板に提示したり消したりしながらライブ感覚で板書をすれば，ハンドアウトと板書が別の役割で補い合って授業を作っていくことができます。

ヒ：なるほど。ここでは板書，この場面ではハンドアウトという目的と役割の大切さ，痛感しますね。

一見良さそうな板書

ヒ：ではまずは板書から考えていきましょう。

ア：板書で一見良さそうで，やってはいけないことがあります。

ヒ：「一見」は今回のキーワードですね。それはどんなことですか。

ア：はい。高校で時々見られるパターンですが，教師が黒板に向かって英文や文法説明を書き，それを黙々と生徒が写していることがあります。

ヒ：例えば教科書本文などですね。

ア：はい。この間，教師も生徒も黙ったまま5分以上が経過することもあります。

ヒ：5分あればいろいろな活動ができますよね。

ア：そうなんです。ただ写すだけならハンドアウトで事前に印刷して配れば済みます。書くことで定着を図りたければ，授業中ではなく生徒が1人の時間に落ち着いてやることもできます。

ヒ：なるほど，一見勉強しているようですが，黒板の文字を機械的にノートに写すだけでは，英語が頭の中に残りませんよね。それでは阿野先生は，何を板書していましたか。

ア：1つは，生徒の口から出てきた本文に関するキーワードなどです。

これを黒板に残しておいて，リテリングやレシテーションに使えます。もう1つは語句の言い換えなどで，オーラルの提示だけでは生徒の意識が向かない場合には，視覚にも訴えるために板書します。
ヒ：板書することで記憶に残りやすくなりますね。

「つなぐ」ための板書
ア：太田先生は板書のポイントは何だと思いますか。
ヒ：「つなぐ」というのがポイントだと思います。1つは授業のその後につなぐ，もう1つは家庭学習につなげるための板書です。
ア：「つなぐ」，いいフレーズですね。では「授業のその後」のための板書から話してください。
ヒ：はい。例えば，新出文法事項の導入で板書する文は，絵・写真と共に，その後に行う文法の説明を考えて書くことが大切です。またターゲットの文を消さないように書いておくと，授業の最後のまとめで，「今日のポイントは…」とそのまま生かすことができます。また教科書の内容を導入する際に，ピクチャー・カードや写真を貼り，その絵のキーになる語句を板書します。その際に，音読や説明などの後，内容を思い出させたり，内容をリテリングする際に，そのまま使うことを考えて，貼ったり板書したりすることです。この場合も授業の最後に，その日に習ったことの振り返りをすることができます。
ア：なるほど。生徒たちにもわかりやすいですね。
ヒ：そう思います。そして書かれていることをノートに写させます。
ア：これならば，生徒1人1人が授業全体を振り返りながら板書内容を書き取り，そして家庭学習につなげられますね。
ヒ：そうです。また改めて30章の「宿題の出し方」で述べますが，生徒はノートに板書の文を書き，それを家庭で音読し，さらに自分のことを書くなどすることができます。
ア：このような板書を可能にするためのひと工夫は何ですか。

ヒ：授業の最後にどのような板書が残っていれば、まとめることができるか、振り返りやすいかを考える、つまりその時間の板書の完成形を考えておくといいと思います。

ア：太田先生、まだありそうですね。

ヒ：さすが阿野先生、私の気持ちを読んでいますね。

ア：長い付き合いですから。

ヒ：今まで述べた板書は予め計画ができるものです。もう1種類の板書は、生徒とのやりとりでその場で書くものです。

ア：例えばどんな時ですか。

ヒ：生徒をモニターしていて、「あっ、これいいなぁ。ああ、この間違いよくしているなぁ。クラス全体でシェアしたいなぁ、シェアしなくちゃ」と思う時にその場で板書します。例えば先日、自分の好きなテレビ番組のことを生徒に書かせていた時、ある生徒が I especially like .... と以前教科書に出ていた especially を使っていました。「これはシェア！」と思ったので、板書して紹介しました。そうしたら、どの生徒も「それなら私も」と I especially like ... と書き始めました。

ア：これも「つなぐ」ですね。ただ口頭で紹介するよりも、目で確認することで誰でも使うことができるようになりますからね。こうした内容を書く板書の工夫は何かありますか。

ヒ：黒板の左右の端など、いつも決まった場所に書くことです。そのわけは…

ア：授業の最後に取り上げ、生徒にノートに書かせるなど、つながるからですね。

ヒ：ピンポン、そのとおりです！　ちょっと意識すればできる工夫です。ところで阿野先生はどのような板書のひと工夫をしていますか。

ア：わたしも同じです。授業の最後まで残すゾーンと、途中で消えるゾーンを使い分けることですね。

あると便利なハンドアウト

ア：さてハンドアウトです。これはあった方が便利だな，と思うものをハンドアウトにします。

ヒ：あった方が便利なものって，例えばどういうものですか。

ア：まずペア・ワーク，グループ・ワークなどをする際に，役に立つ表現やヒントになるキーワードなどを載せておきます。「これを助けにすれば何とか活動を行える」というものです。

ヒ：跳び箱を跳べない生徒に踏み台を用意して，全員が跳べるようにしてあげるのですね。

ア：私が言おうとしていること，太田先生にそのまま言われてしまいました。あとよくやるのが，自分の考えを整理するために，記入できる表などを載せるものです。ディベートをする前には，賛成と反対の意見のキーワードを書き出させます。

ヒ：ノートに表を書く時間を節約できますね。

「助け→残る→家庭学習」のハンドアウト

ア：それでは太田先生の場合を教えてください。

ヒ：はい。私の場合は，「授業の助けになる→残る→家庭学習につなげる」という一連の流れに役立つ場合にハンドアウトを使います。

ア：「残る」「家庭学習につなげる」の２点はノートと同じですね。

ヒ：そうですね。板書との違いは，量です。ハンドアウトは載せることのできる量が違いますよね。そして板書より，同じ内容をハンドアウトにすれば時間を効率的に使うことができます。

ア：そうですね。これも役割分担の１つですね。では授業のどんな場面で使うのですか。

ヒ：新出文法事項での練習，特にペア・ワークで使います。

ア：これはハンドアウトの一番の例ですね。何かひと工夫はあるのですか。

ヒ：ペア・ワークが終わってしまった生徒への次のタスクを書いてお

21. 英語で進める授業
使うきっかけを与える

ヒ：授業でひと工夫できるポイントはたくさんありますね。

ア：はい。今回も「現在の授業を一歩前進させたい」と思っている先生方の参考になる話を進めていきましょう。

ヒ：新しい学習指導要領に関して何かいいテーマはないでしょうか。

ア：高校の新しい学習指導要領の影響もあって，授業で英語を使う比率を増やしていきたいと思っている先生は多いのではないでしょうか。

ヒ：そうですね。年度途中でいきなり英語を増やしていくと生徒も戸惑うので，英語を中心として授業を進めるのは，やはり新学期からがベストですが，「ちょっとずつ」でも OK です。

ア：では今回は，現在は日本語を使って授業を進めている先生が，英語を使う場面を増やすためにはどうしたらいいかを考えていきましょう。

授業で英語を使う理由

ヒ：2013 年度から施行される高等学校学習指導要領に「授業は英語で行うことを基本とする」という文言が入ったことが話題になりましたね。

ア：その趣旨は「生徒が英語に触れる機会を充実する」「授業を実際のコミュニケーションの場面とする」ということですね。

ヒ：つまり，生徒にたくさんの英語に触れさせ，授業で英語を使いな

がら身につけていく、ということで、これが効果的であることはすでに多くの先生の実践からもわかりますね。

ア：そうなんです。ところが残念なのは、これとは異なる視点から「では難解な文法の説明をどのように英語で行うのか」などという議論を耳にすることです。

ヒ：指導要領解説にも「文法の説明などは日本語を交えて行うことも考えられる」と明記されていますよね。

ア：つまり、「教師が一方的に説明をして、生徒はそれを聞いて理解する」という前提に立った議論をしていては、「英語で授業」は意味のないものになってしまいます。

ヒ：教師の説明だけで生徒の英語力が伸びるはずだという思い込みから脱すること、そして「授業で英語を使うのは誰のためか」ということを改めて考える必要があると思います。

ア：そのとおりです。生徒に英語を使ってもらいたいのですよね。生徒が英語を使う環境を作るために、まずは教師が英語を使って教室に英語の雰囲気を作る、これが英語の授業を英語で進める意味なんですよね。

英語を使うと何が変わるか

ヒ：阿野先生は高校で教えていた時に、最初から英語で授業をしていましたか。

ア：いいえ、最初は自分が高校で受けてきたように、教科書本文の和訳をしながら教師が説明していく、いわゆる文法訳読の授業スタイルでした。

ヒ：それがなぜほとんど英語だけの授業に変わっていったのですか。

ア：最初の勤務校には、英語が苦手で中学の学習事項も身についていない生徒がたくさんいました。そこで私が説明中心の授業をしたので、当然生徒はついてきませんでした。悩みましたね。

ヒ：悩んで若き日の阿野教諭はどうしたのですか。

ア：今もまだ若いつもりですが…。それはそうとして大学の恩師に相談に行ったのです。

ヒ：それで。

ア：小島義郎先生という方なんですが「阿野君は生徒に教え込もうとしていないですか。生徒の口からひと言でも英語を出すような授業にしたら変わりますよ」というアドバイスをいただき，ハッとさせられました。恥ずかしい限りですが，be動詞を間違える生徒に，必死になって関係代名詞の解説をしていました。

ヒ：そこで授業の使用言語を英語に切り替えたわけですね。

ア：はい。授業中はとにかくやさしい英語で生徒に話しかけ，生徒同士のインタラクションを中心にしました。もちろん生徒の英語に間違いはたくさんありましたが，まずは口から英語を出すことを第一に考えて進めました。

ヒ：生徒は変わりましたか。

ア：全く変わりましたね。それまでなかなか席につかず，英語に関心を示さなかった生徒も，たどたどしい英語ではありますが，みんな英語を使い，授業についてくるようになり，年度末にはほぼ英語だけの授業になっていました。自分のことをやさしい英語で話そうとする生徒の姿は今でもはっきりと覚えています。

ヒ：日本語から英語に変えたことで授業のスタイルが変わって，それが生徒にとっていい結果になったということですね。

ア：そのとおりです。教員になって10年以上が経ってからのある日，やはり大学の恩師で音声学の授業でお世話になった田辺洋二先生にお会いした時に「君たちが学生の頃は日本語で授業をしてもついてきたけれど，最近の学生はなかなか集中しないので英語で授業をしているんだよ」というお話を伺いました。やはり英語による授業は生徒を変えるということを改めて感じさせられる言葉でしたね。太田先生は，最初から中学生に英語で授業をしていたのですか。

ヒ：もちろん！と言いたいところですが，最初の頃の私は部活の先生

が英語を教えていた状況でしたので，英語は全く使っていませんでした。部活の格好，つまりTシャツと短パン姿で，黒板をたたきながら「いいか，ここが大切だぞ！」なんて言っていました。

ア：青春ですね。それがどうして英語を使うようになったのですか。

ヒ：ペア・ワークを授業に取り入れるようになってしばらくしてからです。英語を使っているのは生徒ですが，「私は…？」とふと思ったのです。そこで，どこで英語を使えるかなと考えました。まずは挨拶とターゲット・センテンスの導入で英語を使ってみようと思いました。

ア：太田先生得意の「ちょっとずつ作戦」ですね。

ヒ：そうです。そのうちに自分が一方的に話していることに気がつき，ターゲット・センテンスの練習や復習の場面で生徒に語りかけること，つまり生徒とのインタラクションを英語で行おうとしました。これをすることで，好きなアイドル，趣味など生徒のことがわかるようになりました。

少しずつ英語を増やしていきましょう

ア：では，現在日本語中心で授業を進めている先生がどのように英語使用を増やしていったらいいか，具体的に考えていきましょう。太田先生，まず中学校ではいかがですか。

ヒ：繰り返しになりますが，1分でも2分でも少しずつ英語を使って生徒に語りかけることから始めるといいと思います。授業には英語を使える場面が2つあります。1つは活動の場面です。ジェスチャーなどを使いながら，活動の指示をできるところから英語でするといいと思います。

ア：もう1つの場面は？

ヒ：クラス内のコミュニケーションの場面で英語を使って生徒に語りかけることです。例えば教室が暑い時，手であおぐジェスチャーをしながら "It's hot in this room. Are you hot?" と語りかけ，生徒

が何か反応した後，"Can you open the windows?" などと続けます。また雨が降ってきた時などは，"Oh, look out of the window. It's raining outside. Did you bring an umbrella?" などと語りかけます。

ア：なるほど，教室で自然に訪れるコミュニケーションの場面を生かすのですね。

ヒ：そうです。英語はコミュニケーションの教科ですから。ところで高校では事情が違うところもありますよね。

ア：基本的には同じですが，高校の場合には教科書の題材が，内容・英語ともに難しくなっているので，授業の場面や生徒の活動に合わせて英語と日本語の使用を切り替えることが大切だと思います。授業の進行や活動の指示などはクラスルーム・イングリッシュを活用していくのが授業全体を英語で進めるための基本です。その上で，教師が説明して理解させるところでは日本語で確認し，置いてきぼりの生徒を作らないことが大切です。

ヒ：文法定着のための活動などは英語で行っても，確認の説明などは日本語でということですよね。

ア：そうですね。ただし日本語の使い方で気をつけなくてはならないことがあります。

ヒ：というと。

ア：大学の英語科教育法の授業で行う模擬授業でよく見られることですが，英語で指示を出した後，すぐに日本語で繰り返してしまうことです。

ヒ：これでは生徒は，英語は聞かずに後の日本語だけを聞くようになってしまいますね。

ア：そうなんです。教師が英語を使ったという自己満足だけで，生徒の頭には日本語が残り，英語から理解しようという姿勢が失われてしまうので注意が必要です。

ヒ：それと，生徒に英語を強要しすぎないということも大切ですね。

ア：まさにそうですね。教科書の題材について意見を述べる活動をグループ・ディスカッション形式で行う際に，せっかくいい意見を持っていても，それを英語で表現できないために黙ってしまってはもったいないです。こんな時はまずは日本語で意見を存分に述べて，グループからクラスにレポートする時に英語で発表をする，というようなことも必要だと思います。

ヒ：それならばグループで協力してわかりやすい英語にするという活動にもなりますね。

入門期こそ英語で授業を

ア：高校での英語による授業がとかく話題ですが，実は入門期こそ，教室での英語使用が大切ではないでしょうか。

ヒ：すごく大切です。小学校の英語活動では，できるだけ英語で授業が行われています。生徒が英語を聞くことにある程度慣れているところで，中学に入ったら「はい，今日は何ページかな，阿野くん」なんてなっていたら大変ですよね。生徒の様子を見ながら英語を教室の言葉として使っていくことが今まで以上に大切になってくると思います。小学校で生徒たちが触れてきた表現を上手に使い，授業を進めることで，中学入門期の授業が効果的に行えると思います。

チーム・ワークも大切

ア：2校目の勤務校でのことですが，オーラル・コミュニケーションの科目が始まった時に，毎週1回，担当の全教員が集まって英語で授業を進めるための研修会をしていました。

ヒ：どんなことをしたのですか。

ア：リーダーシップを取っていた先生が，授業の最初のひと言の"Hello." から，最後の "That's all for today. Good-bye." までの授業スクリプトを作ってきてくれて，この読み合わせをして授業の準備をしていました。私も一生懸命に暗記した覚えがあります。

ヒ：スクリプトを作るのは大変な作業ですね。

ア：はい，とても感謝しています。そしてこのスクリプトを見ると，実は教師の発話は活動を進めるためのものであり，教師の発話はなるべく控えて生徒の活動を増やすことがいかに大切かを考える機会にもなりました。

ヒ：教師が背伸びをするのではなく，生徒にわかる英語で，生徒に英語を使うきっかけを作る，授業でそんな英語を使っていきたいですね。

コラム⑰　Father Mother Asakusa Go

ア：最初の赴任校で授業に行き詰まっていた時に，恩師の小島義郎先生にアドバイスをいただいたという話をしましたが，その話の中で忘れられないフレーズがあるのです。

ヒ：どんなフレーズですか。

ア：小島先生は「阿野君，生徒の口から，まず"Father mother Asakusa go."という英語が出てくるようにしたらどうかな？　君は"I went to Asakusa with my parents."と言わせようとしてがんばりすぎているんじゃないかな」と。思わずはっとさせられました。まずは教室で生徒が英語を使う環境を作り，その中でコミュニケーションを取る姿勢を身につけさせることから始めること。もちろん Father mother Asakusa go. は通過点で，より正確な情報を伝達するために修正をかけていき正しい英語へと導いていくという，当然のことを忘れていた自分に気づき，最初から文法的に正しい英語を強制していたことを大いに反省しました。今までつまらなそうに授業を受けていた生徒たちが，英語でコミュニケーションを取って活動するように変わっていくきっかけをくれた一言でした。

22. 日本語訳の使い方
訳が役立つ場合・マイナスに働く場合

ヒ：「和訳，どうしていますか？」，これは研修会などで私が受ける質問の中で最も多いものの1つです。「訳の役立て方」，今日はこのことについて話していきましょう。

ア：「訳の役立て方」…太田先生，すごいオヤジギャグですね。それはいいとして，和訳については，私もよく質問を受けます。

ヒ：やっぱりそうですよね。

ア：太田先生はこの質問にどう答えるのですか。

訳す部分とそうでない部分を分ける

ヒ：この手の質問の趣旨は，「教科書本文は全部訳さなくてはいけませんか？」ということだと思います。そこでまず，教科書本文の理解をさせる段階での訳の役割について話します。教科書本文を教える際に，英語を聞いて理解させられる部分はどこで，そうでない部分はどこかを考えることが第一歩だと話します。

ア：なるほど。そうですよね。聞きながら意味の理解ができるところは，文字を見た段階で日本語にする必要はないということですね。

ヒ：そうです。例えば，先生がピクチャー・カードを見せながら，"This is Ken. What is he doing? He is playing soccer." などと本文の内容に関することを英語で生徒とやり取りしながら導入していけば，本文のその部分は訳さなくても，英語で理解できます。

ア：そうですね。ここでわざわざ日本語にしてしまうと，生徒は先生

の英語またはCDの英語を理解しなくても，「後で日本語を聞けばいいや」と思ってしまい，せっかくの英語で理解する機会を奪ってしまうことになりますよね。

ヒ：どこを英語で，どこを日本語で理解させるかを考えると，おのずと和訳する量が減ってくると思います。

ア：これが訳の役立て方のひと工夫，その1ですね。

ヒ：そうです。ところで阿野先生，高校ではどうですか。

文法訳読からの脱出の第一歩

ア：高校では多少事情が違うところがあります。

ヒ：と言うと。

ア：教科書の英文が長く，まとまった話になっているので，ある部分にフォーカスして聞いて理解させるということはあまりありません。オーラル・イントロダクションではストーリーの全体像をつかみ，読んでみたいと思わせる段階で終わらせることが多いため，結果的には教科書本文を追っていきながら理解することになります。

ヒ：だから高校ではすべての英文を日本語に訳しながら授業を進める先生がいるのですね。

ア：そうだと思います。でもやはり日本語訳が役に立つ場合と，逆にマイナスに働く場合もあります。

ヒ：まずマイナスの場合を知りたいですね。

ア：日本語訳だけを通して英文を理解する習慣がついてしまうと，大学入試問題を解けなくなってしまうということがあります。一定の時間内に多量の英文を読むセンター試験のような問題では，訳しながら理解していったら半分も終わらないでしょう。訳読の授業しか受けていない生徒は，自分で速読の練習をしなければなりません。

ヒ：そうですね。でも，英語だけで理解するのは難しいですよね。

ア：そのとおりです。和訳をしないために，先生が一生懸命に英語で言い換えて説明している授業を見ることがありますが，これも生徒

が読んでいるのではなく，先生が解説しているだけなので注意が必要です。場合によっては日本語のほうがしっかりと意味が伝わる場合もたくさんありますから。

ヒ：ここで日本語訳が役立つということですね。

ア：はい。日本語訳が最も活躍するのは，まず複雑な構文でしょう。英語を日本語にすることで，日本語と英語の語順や表現方法の違いが理解できます。例えば関係代名詞を含む文などです。The trees that my father planted are growing quickly. を日本語にすることで，日本語では「私の父が植えた木」と前から名詞を修飾するのに対して，英語では後置修飾であることがわかりますし，主語と動詞の文構造も正確につかめます。この場合も，生徒が訳したら，教師が正解を与えるのではなく，生徒同士で答え合わせをさせることで，もう一度英文に戻る機会を与えることができます。

ヒ：確かにそうですね。これもひと工夫ですね。では逆に訳さないほうがいい例も教えてもらえますか。

ア：はい。日本語にしなくても容易に理解できる文はもちろんですが，その課のターゲットになっている文でもあります。例えば，現在完了形で My friend has lost my bike. という例文はどうでしょう。「友人が私の自転車をなくした」とただ日本語にしても正確な意味はわかりません。それよりも，I am in trouble now. とか I am angry now. という意味を読み取らせることのほうが大切ですよね。日本語で「じゃあ，I はどんな気持ちかな」と問いかけることもできます。

ヒ：やはり中学でも高校でも，訳す必要がある部分と必要がない部分，あるいは訳さないほうがいい部分を使い分ければいいんですね。

ア：translation から reading comprehension への発想の転換が必要ですね。

和訳プリントを配る

ヒ：訳で私が受ける質問がもう1つあります。

ア：それは何ですか。

ヒ：「全訳をしてほしがる生徒がいるのですが，どうしたらいいでしょうか？」という質問です。

ア：なるほど。生徒はやはり日本語で安心したいのですね。太田先生はどう答えるのですか。

ヒ：「そんなときは訳をプリントにしてあげてしまったらどうですか？」と答えます。

ア：具体的にはどうするのですか。

ヒ：教科書の教師用指導書に教科書本文の和訳が出ているので，それをプリントにします。

ア：それなら簡単でいいですね。まさにひと工夫ですね。それをどうするのですか。

ヒ：私はその本文の内容理解が終わった授業の後か，もしくはそのLesson（またはUnit）全体が終わった後に和訳プリントを配ります。生徒に「英語を聞いて，読んで，理解した内容を確認するといいよ」と言って渡します。

ア：私も和訳プリントを使いました。でも配ってはいませんでした。

ヒ：配らなかった？　ではどうしたのですか。

和訳プリントを置いておく

ア：これはある年に担当した高校2年生のクラスがきっかけで始めたことです。このクラスは前年度の授業で，教科書にあるすべての英文を日本語訳する先生が担当していたこともあり，4月当初に多くの生徒から「授業で訳をしてください」と言われました。まずは，授業中に全文訳をする時間はないことと，いろいろな活動や音読を通して英文を身につけていこうと話しました。それでも日本語訳を欲しがる生徒がいたので，太田先生と同じように，その日に扱う本

文の指導書の日本語訳の部分をプリントし，授業終了後に教室の前に置いておいて「欲しい人は自由に持っていっていいですよ」と伝えました。最初のうちはほとんどの生徒が持っていきましたが，次第にその人数は減り，年度の終わりにはこのプリントは数枚用意するだけで十分でした。生徒たちは，日本語訳よりも英語をしっかり読み込むほうが内容の理解が深まると言っていました。ただ，日本語訳が手元にあることで安心する生徒もいるので，最後まで用意だけはしていました。

ヒ：なるほど。

和訳プリントを使ってひと工夫─家庭学習で

ア：ところで太田先生は，和訳プリントを配ると言っていましたね。配って終わりですか。

ヒ：阿野先生，するどいですね。終わりではありません。それを家庭学習に役立たせたり，授業内で活用します。

ア：あっ，「1粒で2度おいしい」の手法ですね。

ヒ：そうです。まず家庭での役立て方です。私は和訳プリントをノートの左上に貼るように指示をします。

ア：どうして左上なのですか。

ヒ：ノートを見開き2ページで使う場合，左上に和訳プリントを貼り，その下に授業でのポイントを書かせます。右ページが余りますよね。そこで和訳プリントを使った家庭学習ができます。

ア：なんか謎解きみたいですね。

ヒ：すごくシンプルな方法です。まず和訳プリントを見て，本文の英語が言えるかどうか確認します。言えない場合は，教科書本文を見て，その文を音読します。ここでCDを聞いてもいいと思います。

ア：なるほど。その後があるのですよね。

ヒ：もちろんです。右ページがまた空いていますよね。言えるようになったら，和訳を見て，英語を右ページに書きます。書き終わった

ら，教科書を開き，自分で添削をします。「間違ったところは消しゴムで消して直すのではなく，赤で修正するんだよ」と言います。

ア：生徒に先生の役をさせるのですね。

ヒ：そうです。赤で修正してあれば，どこで間違えたか，後で振り返ることができるからです。そして仕上げに，その部分を音読する，CDを使って音読するなどをします。

ア：一つ一つは単純でも，合わせると効果的ですね。

ヒ：そう思います。

和訳プリントを使ってひと工夫―授業で

ア：では次に和訳プリントを授業でどう使うかを話してもらえますか。

ヒ：はい，これもシンプルな活動です。本文理解を終え，音読を終え，和訳プリントを配ったその後，またはそれ以降の時間での活動です。生徒を2人一組にして，1人が和訳プリントを持ちます。

ア：あっ，何をするのかわかりました！　通訳ゲームですね。

ヒ：そうです。和訳プリントを持っている生徒が日本語を言い，もう1人の生徒がそれに当たる英文を言います。できるだけクイック・レスポンスをするようにさせるといいと思います。

ア：でもすぐ言えない場合もありますよね。

ヒ：そうですね。そんなときはひと工夫です。例えば，教科書をさっと見て，その文を探し，教科書をまた閉じて，文を言う。

ア：リード・アンド・ルックアップにしてもいいですね。

ヒ：そうです。こういうひと工夫はいくらでも考えられると思います。または和訳プリントを持っている生徒は教科書を開いていていいことにして，ヒントを与えるということもできます。

ア：どのようにヒントを与えますか。

ヒ：例えば，英文の最初の1，2語を言ってあげます。

ア：和訳プリント，かなり使い道ありますね。

ヒ：最後にバリエーションを1つ紹介します。和訳プリントを持っ

ている生徒ですが，和訳の日本文をばらばらの順序で言うこともできます。こうすると，ちょっとチャレンジングになります。

ア：おもしろそうですね。

ヒ：盛り上がりますよ。ポイントは和訳プリントを使って，理解した英文を頭の中に残す手助けをするということです。

ア：なるほど。読解の指導は深いテーマなので，リーディングとあわせて，和訳以外での内容理解の具体的な指導方法を考えていきたいですね。

コラム⑱　教科書研究（中学校）

ヒ：教科書研究というとおおげさですが，私が言いたいことは，次に自分が教えるレッスンだけでなく，その先も見ておく，そして3年間見ておいて流れをつかんでおくということです。この流れをつかんでおくといろいろな点で授業が豊かになります。

　例えば，中学校の教科書は登場人物がいて，その登場人物がいろいろな場所へ行き，いろいろなことをします。それを使って教科書クイズとして，登場人物に関してのQ＆Aができます。私が教えていた生徒は，「先生，Mikaは中学生なのにすごいよね。いろいろな場所へ行くよね」と感想を言ってきたことがあります。一度生徒たちが登場人物に興味を持ったら本文も生徒たちにより身近になります。

　また教科書でどの写真がどこで使われているかを知っておくと，その写真を使って文法事項の導入・ドリルなどで再利用することができます。

　3年間1種類の教科書だからこそできることがあります。そのために3年間の3冊分を見ることが大切になってきます。

ア：中学校は1年に1種類の教科書，3年間で3冊だからこそできることですよね。そこを生かすためにも3冊を通して読み，何が載っているかを見る教科書研究，大切ですね。

23. 少人数指導
モニターして指導に活かす

ヒ：最近見させてもらう授業で気がつくことの1つは少人数授業です。先日見たクラスは16名でした。私の最初の学校では45人クラスでした。その時は机の間を通ることができないし，生徒一人ひとりを見ることなどとてもできませんでした。

ア：私の場合はもっと多かったですよ。最初に勤務した県立高校では1クラスに48人いましたからね。当時はこの人数が当たり前だと思っていましたが，選択科目で20名から30名程度の授業を担当するうちに，少人数クラスの良さが身にしみてわかるようになってきました。

ヒ：今回はその少人数クラスでの指導について考えていきましょう。

キーワードは「モニター」

ア：太田先生は，少人数指導を生かした授業のキーワードは何だと思いますか。

ヒ：ずばり，「モニター」です。教室にいる人数が少ないのだから，生徒の様子がつかみやすくなりますよね。したがって生徒の学びの様子をモニターすること，これがポイントだと思います。

ア：私もそう思います。先生の立場から見ると，「人数が少ない→生徒1人1人の様子がわかりやすくなる→指導がしやすい」という流れになりますね。

ヒ：生徒の立場からすると，「人数が少ない→うかうかできない，内

職ができない→いやだなぁ」じゃなくて「人数が少ない→自分の声を聞いてもらえる→アドバイスがもらえる→わかった」という流れにしたいですね。

ア：前者の生徒の声は、太田先生が生徒だった時の声ですか。

ヒ：ばれましたね。

ア：さて、モニターすることがポイントであることはわかりましたが、その注意点は何でしょうか。

ヒ：モニターするためには、生徒に活動させることが大切ですよね。そうしないとモニターができません。そしてモニターして、生徒の様子がわかった後がポイントです。

ア：わかった後に何をするかということですね。

ヒ：そうです。わかった結果、授業の内容を臨機応変に変えることが大切だと思います。

ア：具体的に聞きたいですね。

ヒ：例えば、生徒に話させるペア・ワークをさせている最中にモニターをしていて、went to と want to を混同していることがわかったとします。そしてそれが多くの生徒に見られた場合、先生は、本来予定していた次の活動をしないで、そのペア・ワークを一旦止めたり、またはペア・ワーク後に went to と want to の文を板書したりして、意味の違いを言わせるなどします。そして went to と want to の口頭作文をさせる活動をします。

ア：なるほど、まだ無理だと思った時に、次に予定していた活動を延期して、生徒たちに今必要なことをするのですね。

ヒ：そうです。ある先生は、ビンゴをしていて、3単現のsのつけ方を生徒が混乱していることがわかり、ビンゴを止めて、3単現のsのつけ方のドリルを始めました。そして生徒が理解した後、またビンゴを再開していました。こういうことができるのはモニターをしたこと、そしてそれを生かす姿勢を持っていたからだと思います。

ア：先生が立てた指導案どおりに行かないことはよくありますよね。

ヒ：私を含めて先生はとかく「プランどおり進めるのがいい授業」と考えがちですよね。
ア：そうすると生徒の学習状況は関係なくなりますからね。気をつけなくてはいけませんね。
ヒ：そのためのモニターだと思います。私もそのような失敗を数多くしてきたので，これからも気をつけたいと思います。

これでは少人数が生きない

ア：「モニターをする＋それを授業に生かす」ということが少人数クラスを生かすコツであることがわかりました。今度は逆に「これでは少人数が生きない」ということを考えていきましょう。
ヒ：それは何といっても「モニターしない」ことです。
ア：モニターしない授業というと。
ヒ：2種類あると思います。1つはモニターできるような授業をしない場合です。先生からの一斉授業だけで，生徒はただその話を聞く場合です。
ア：これでは，何百人も入る会場で講演会を聞いていたり，あるいはテレビを見て話を聞いたりするのと変わらなくなってしまいますからね。少人数でそれはもったいないですよね。もう1つは？
ヒ：それはモニターができるのにしないことです。
ア：それはわかります。生徒が活動している時に，ただ生徒の様子を見ているだけで，「うん，やっている」と思うだけの場合ですね。
ヒ：そうなんです。もったいないなぁと思います。ところで阿野先生が感じる少人数が生きないと思う高校の授業はどんなものですか。
ア：やはり一文ずつ生徒が順番に和訳をしていく文法訳読式の授業です。先生によっては，少人数なら全員に一度は訳させることができるという方もいらっしゃいます。しかしちょっと考えてみてください。生徒1人が1つの文を訳して先生がコメントをするのに2分かかるとしましょう。確かに40人クラスでは，半分くらいの生徒

が一度も当たらずに終わるのに対して，20人の場合には，一度は発言する機会を得られるかもしれません。でも予習として和訳をしてきている場合には，それを読み上げる機会を得ただけで，授業中に活動しているわけではないですよね。これは，一度も指名されないで50分間ただ聞いているものが，少人数によって48分に減っただけとも言えます。

ヒ：それは人数が少なくても多くても関係ないですね。ではどうしたらそのような活動で少人数が生かせるようにできるのですか。

ア：先ほど太田先生が言っていたように，生徒に活動させてそれをモニターすることです。生徒が予習で和訳をしてきて，その答え合わせをするというスタイルの授業の場合には，まずグループ内で和訳の読み合わせを行うことです。すると，お互いに違う解釈をしているところや疑問点が出てきますよね。その時に先生が「教科書のここを見てみたら」とか「この文の主語は何かな」などとモニターしながらアドバイスを与えることができます。この時に10グループを回らなくてはならないのと，5グループで済むのとでは，先生からのアドバイスは質的にも量的にも違ってきますからね。この活動を本文についてのQ&Aで行えば，和訳から一歩先の読解活動へと移行させることができますよね。

ヒ：なるほど，まさにひと工夫で少人数を生かせる授業に変身ですね。

リスニング，リーディングで少人数を生かす

ア：さてそれでは活動別に具体的に見ていきましょう。まずリスニングの活動で少人数を生かすにはどうしたらいいと思いますか。

ヒ：生徒のわからない点を見つけ，その場で対策を立てることだと思います。

ア：リスニングで答え合わせをして終わりにしないということですか。

ヒ：そうです。答え合わせをしたら，どこが聞けなかったかをモニターして，その部分を解説する，音変化を教え練習する，そしてもう

一度聞くなどが大切だと思います。
ア：でも大人数でもできますよね。
ヒ：基本的にはそうですが，人数が少なければ，一人ひとりの様子がわかり，その場で対処できることもよりやりやすくなりますよね。
ア：そうですね。生徒がつまずいている具体的な要因を見つけやすくなりますからね。
ヒ：リーディングの活動では少人数をどう生かせますか。
ア：はい，読解の活動で大切なことは，英文から大切なメッセージを読み取り，読んだ後に感想を口頭で述べたり書いたりすることですよね。例えばグループで感想を出し合った後で，それぞれのグループからレポートをするとします。全部で10以上のグループの発表をお互いに聞く場合には，どうしても自分のグループの発表が気になって他のグループの発表には注意がいきません。しかし，全部で5グループ程度の場合には，自分のグループの意見と比較し，場合によっては質疑に発展させることもできます。
ヒ：なるほど。ポスト・リーディングの活動でも差が出るということですね。

スピーキング，ライティングで少人数を生かす

ア：では今度はスピーキングで少人数を生かすポイントを考えていきましょう。太田先生，どうぞ。
ヒ：まずは何と言っても先生と生徒のインタラクションを増やすことです。人数が少ないのですから，気軽なスモール・トーク，ドリル，自分のことを言わせるなど，一人ひとりの生徒をどんどん当てることが大切だと思います。
ア：当てることで，モニターでき，生徒の様子がわかりますよね。
ヒ：そうですね。ある先生は，挨拶の後で眠そうな生徒に "You look sleepy. What time did you go to bed last night?" と尋ね，その生徒の答えを聞いた後，"How about you, ... -san?" と他の生徒に

尋ね，5分ぐらいの時間でクラス全員と話していました。

ア：いいですね。こういうことは大人数ではできないですからね。生徒には，少人数ならではの緊張感も生まれますよね。

ヒ：またスピーチ，ショー・アンド・テルなどの発表の機会をより多く与えられるのもいい点だと思います。授業の最初にいつも2人ぐらい発表を行っても少人数なら，短期間に終わりますよね。

ア：音読でも同じように，より多くの生徒に発表してもらうことができます。大学の英語教職課程で，モデル・リーディングの練習として教科書の音読をリレー形式でやっていますが，1人10秒でバントタッチすれば，10分間で延べ60名の学生が読むことになり，20名のクラスなら1人が3回は発表できています。

ヒ：発表の量を増やせる，これはポイントだと思います。ではライティングにいきましょう。

ア：先ほどの読解活動のポスト・リーディングを，ライティングの活動として感想を書くこともありますよね。文章を書く時には必ず読み手を想定することが大切なため，いつも生徒同士で読み合わせています。感想を書いた英作文を授業中に読み合う場合にも，20人以下なら，20分くらいでそれぞれが全員分を読み終えることができます。もちろんその後で添削・評価する際にも，40人以上を見るにはかなりの時間を要しますが，20人程度なら比較的気持ちが楽になるのは，先生方も経験していることと思います。

ヒ：これはまさにチェックのしやすい少人数を生かせた活動ですね。

時には少人数指導をしないことも大切

ヒ：さて今まで少人数指導の良さを述べてきましたが，ここで大きなクラスのメリットを考えてみましょう。

ア：私が勤務した中学校では英語が週4時間ありましたが，3時間は20人の少人数，そして1時間は40人で展開していました。少人数だけでは，どうしても毎回ペア・ワークやグループ・ワークで同

じ生徒とばかり活動することになります。そこで，定期的にクラスサイズを広げ，普段とは違う仲間とも一緒に学び合うことで，お互いに刺激を受け，次の目標が見えてくることもあります。スピーチなども，大人数で行う機会を持つことで，少人数での活動を途中のステップとして使うこともできますからね。

ヒ：少人数の良さを生かすためにも，大人数と行ったり来たりすることもポイントですね。

コラム⑲　教科書研究（高等学校）

ア：中学校の教科書は，1年生から段階を追って文法や語彙を積み重ねていくように作られていますが，高校の教科書はちょっと違います。つまり，生徒にどんな内容の英文を読ませたいかという視点に立って，題材を中心に構成され，そこに学習すべき言語材料を散りばめているということです。そこで，新学期が始まる前に教科書全体を通読し，どんな題材がどんな切り口で扱われているかを把握し，自分の生徒たちがどの題材に興味を示すかを見極めます。そして，どんな言語活動ができるかを考え，それぞれの課の配当時間に軽重をつけることが欠かせません。こうした手順を踏まないと，教科書を消化することが目的になってしまう恐れがあります。すべての課を同じ時間で扱う必要はなく，生徒の実情や興味関心に合わせて配当時間を変え，修学旅行などの行事に関連ある題材がある場合には，後半の課を先に扱うこともあります。ある課では全体の概要把握を目的とし，別の課では行間を読むようにじっくりと読み込むなど指導法も変え，場合によっては，読解後の活動が中心の授業展開もあります。

ヒ：なるほど。年度当初の教科書研究が，1年間の授業を左右することになるため，慎重に行わなければなりませんね。

24. ALT とのティーム・ティーチング
選手（ALT）を活かす監督（JTE）に

ア：大学で教え始めてから感じることですが，「中学や高校で教えていた時はよかったな」と思うことがあるんです。

ヒ：どんなことですか。

ア：ALT と一緒に授業ができたということです。

ヒ：それは大学にはない大きなメリットですね。大学では基本的に1人で授業をしますから。

ア：そうなんです。ALT とアイディアを出し合って授業プランを作り，それぞれの持ち味を発揮して一緒に授業を作り上げていけますから，生徒にとっても授業の幅が広がりますよね。

ヒ：ということで，今回はどうやったら ALT を生かせるかを考えていきましょう。

お互いを生かすティーム・ティーチングとは

ア：研究授業などでよく ALT とのティーム・ティーチング（以下 TT）を見せていただくことがありますが，すごくもったいないと思う2つのタイプがあるんです。

ヒ：2つのタイプというと。

ア：まず1つは，ALT が授業のほとんどを1人で進行していて，日本人の先生（以下 JTE）が時々，解説のために口を挟むというものです。ある高校の授業では，ALT が教壇にいて，JTE は教室の後ろの隅で笑顔で見ているということもありました。

ヒ：それでは TT ではなく，ALT のソロ・ティーチングですね。

ア：そう，そこがポイントなんです。TT をしているという意識が働いていない授業です。

ヒ：そうすると，もう 1 つのタイプはその逆パターンということですね。

ア：さすが太田先生。そのとおりです。JTE が完全に授業を支配していて，ALT の出番は本文のモデル・リーディングや，生徒の発表に対するコメントしかないというものです。

ヒ：つまり ALT を CD 代わりにしか活用できていないということですね。

ア：そのとおりです。高校の教員をしていた時に県内の ALT の研修会を担当していたことがありましたが，その時に複数の ALT から「CD 代わりではなく，1 人の教員として扱ってほしい」という声を耳にしていました。また逆に，JTE から「1 時間の授業を好きにやってください」という指示だけをもらって授業を任されることも多いという ALT もいました。

ヒ：つまり，なぜ 1 つの教室に ALT と JTE の 2 人がいるのかという TT の意味を考えなければ，せっかくの ALT を生かすことができませんね。

ア：そのとおりです。ALT と JTE にはそれぞれの役割がありますから。これは野球に似ているところがあると思うんです。

ヒ：どうしてここで野球が出てくるんですか。

ア：だって監督がいくら 1 人で張り切っても，選手に適切な役割を与えなければチームとして戦力アップしませんし，逆に選手に任せきりにしてしまっても，やはりチームとして機能しないですからね。

ヒ：つまり，JTE が監督で ALT が選手ということですね。では具体的に，授業の中でそれぞれの教師がどんな役割を持つのか考えていきましょう。まず高校ではどうですか。

ア：JTE は授業のプランニング，そして進行役です。生徒を動かすの

も，個々の生徒の状況をよくつかんでいる JTE がいいと思います。ALT には，教科書本文を読解する際の言い換えや題材に関する内容を英語で提供してもらうこと。そして私がいちばん頼っていたのは，生徒の発話を受けて，正しい英語表現に言い換えてフィードバックしてもらうことです。また生徒が書いた英作文を最初に見てもらって表現を訂正してもらいました。こうすることで，私の手元に来た時には正しい英語になっているので，内容や文章構成についてのコメントに集中して書くことができます。中学校ではどんな役割分担が考えられますか。

ヒ：ALT をインプット，インタラクション，アウトプットの3点から授業に活かそうと JTE がプロデューサー役になるといいと思います。インプットは ALT が話す英語を聞く機会を作ることです。教科書の話題に関連したこと，ALT の日常生活などを生徒に聞かせることができます。インタラクションでは生徒が自分のことを話した時，フィードバックを与えてもらいます。その場で "Oh, you mean ..." など「こう言えばいいんだよ」というフィードバックができるのはネイティブ・スピーカーの強みだと思います。アウトプットでは生徒が英語を使える相手になるということです。英語を使う一番自然な場面が作れるのですから，これを活かさない手はありません。

ア：JTE がプロデューサーになり，ALT はネイティブ・スピーカーならではの利点を生かすという役割分担ですね。

TT で進度が遅れる？

ヒ：one shot で ALT が来る場合は別として，ALT が常駐しているベース・スクールや定期訪問がある場合には，どのように TT を指導計画の中に取り入れるかも大切ですね。

ア：そうですね。進学校で教えている高校の先生から聞こえてくる声の中には，ALT との TT が入ると進度が遅れるので取り入れにくい

というものがあります。

ヒ：それは不思議ですね。どうしてTTが入ると進度が遅れるのですか。

ア：どうやらTTの授業が特別番組になっているようです。教科書による普段の学習をやめ，投げ込み教材を使ってその場だけの授業をするというものです。

ヒ：これでは授業のつながりがなく，TTがマイナスに働いているとも取れてしまいますね。

ア：その通りです。本来はJTE 1人の授業では十分にできない部分を補うのがTTです。例えばJTEによる3時間の授業に1時間のTTが入ることで，3＋1＝4ではなく，3＋1＝5になるのが理想的な形ですよね。中学では，教科書を使ってどんな活動をすればALTとのTTを生かすことができますか。

ヒ：本文導入の場面では，内容をピクチャー・カードを使いながら英語で話してもらうことができます。その時JTEは話に割り込み，質問したり，繰り返してもらったり，生徒に質問したりして，「ALT⇔JTE⇔生徒」という3者間のインタラクションになるようにします。また本文の内容理解の質問を生徒が聞き取ったり読み取ったりする際には，ALTに答えの部分をやさしく言い換えてもらうなどヒントを与えるといいでしょう。内容理解が終わった後は，本文についての感想や関連したことをALTに話してもらうことができます。それでは高校ではどうですか。

ア：リスニングやスピーキングの授業で活躍してもらうのはもちろんとして，実は大きな力を発揮してほしいのは，コミュニケーション英語の読解とその前後の活動ですね。どうしても日本語訳に頼りがちな生徒にとって，ALTと一緒に読んでいくことで，英文と直接向き合わなければならない状況になりますからね。それと，読み終わった後に本文のサマリーや感想を書く段階で，その場で英語についてのフィードバックを生徒に与えられることも大きいです。

ALTがいるメリットは

ア：私は英語科教育法の授業で、「ALTが授業にいるとなぜいいのかを生徒の立場になって考えてください」という話をすることがあります。

ヒ：私も同じような話をよくしていますよ。いろいろな答えが返って来ますね。

ア：中でも多いのが、英語のネイティブ・スピーカーと直接にコミュニケーションを取れる、というものです。

ヒ：そうですね。なかなか英語を使う機会が少ない生徒にとっては、ALTと直接に英語でコミュニケーションを取れるという機会は、動機づけの面でも大きな効果がありますよね。

ア：ところが、です。TTの授業をビデオで分析してみると、生徒がALTと個人的にやり取りをする場面が極めて少ないのが現状です。つまり、ALTがクラス全体に向けて多くのインプットを与えている時間が多く、1時間を通して一度もALTに直接ことばを発していない生徒も見られます。

ヒ：これでは、先ほど出た「英語のネイティブ・スピーカーと直接にコミュニケーションを取れる」というメリットは生かされていないですね。

ALTと話す機会を授業に作りだす

ア：ではどうしたら全員の生徒が直接ALTとコミュニケーションを取るような授業形態を作れるかということです。私も高校でいろいろと試みましたが、大きな課題でした。そして中学校へ転勤してから、ある中学の先生の素晴らしい工夫を見せてもらい、大きな発想の転換をしました。

ヒ：へえ、誰の授業ですか。

ア：太田先生ですよ。先生の研究授業を見せてもらって「これだ！この発想を使えばALTが生きる！」と感激しました。生徒たちが

グループごとに活動する授業で，全員の生徒が 1 人残らず ALT と話していました。私が説明するより，太田先生本人から授業の流れを話してください。

ヒ：では…。3 か月ぐらい前に習った教科書本文の内容をピクチャー・カードを使って，ALT に話すという活動ですね。まず生徒は 5，6 人のグループになり，本文のどの部分を説明するか分担を決めます。次に ALT に話す前に自分の分担箇所をピクチャー・カードを持って 1 人で練習します。この練習が終わった後，ALT にグループで話しに行きます。分担の箇所を一通り説明し終えると ALT からピクチャー・カードや生徒が話した内容についての質問があり，生徒が答え，会話を行います。この活動のポイントは 2 つです。まず 3 か月前に習った本文なので，生徒にとっては内容を伝えやすいこと。もう 1 つは ALT が本文の内容を知らないので，本物のコミュニケーションになるという点です。また本文の内容によっては，ALT が How about you? と生徒自身のことを尋ねることもできます。

ア：そう，その授業です。その授業を見てから勤務校にもどり，生徒に合わせて活動の流れをアレンジし，教材も「基礎英語」を軸にしてすぐに実施しました。生徒が今まで以上に TT の時間を目標に日頃の授業に取り組むようになり，ALT にも生徒個人の英語学習を助けているという意識が生まれたようで，とても喜んでいました。

ヒ：それはお役に立てたようで何よりです。

ア：太田先生以外にもいろいろな工夫をされている先生がいます。ある先生の授業では，授業中に ALT がとなりの教室に待機していて，順番に生徒が授業を抜けて，1 人 1 分ずつ ALT とその日のテーマについて話をしてくるというものです。その先生に，生徒が授業を抜けても大丈夫なのかと聞いたところ「授業中に誰でも 1 分くらいは集中していない時間があるので，授業の理解に影響はない」との話でした。

ヒ：なるほど。50 分間 ALT の話を一方的に聞くよりは，たとえ 1 分

でも直接話をするほうが，生徒にとっては貴重な体験になりますね。
ア：最後にどうしても話しておきたいことがあります。それは，私が高校生を引率していったスピーチ・コンテストで優勝した生徒のスピーチです。
ヒ：どんなスピーチだったのですか。
ア：彼女は中学で英語は好きではなかった。でも3年生の時に，たまたま校庭でALTと短時間話す機会があり，英語が通じたことに感動して英語に興味を持ち，英語科のある高校に進学。そして今ここでスピーチをしている，という内容でした。生徒にとってALTはこんなにも大きな影響力を持っているのだと感動しました。

コラム⑳ 歌の使い方（2）活動中のBGM／タイマー代わりに

ヒ：英語の歌は，英語の授業の雰囲気作りという面でも効果がありますよね。
ア：そのとおりですね。例えば，ペア・ワークやグループ・ワークの時間設定には多くの先生がタイマーを使っていますが，教師だけが時間経過がわかり，生徒は残り時間を把握することができません。しかし，3分間の時間設定をしたければカーペンターズの"Top of the World"を使うことで，歌の終盤になると生徒も終了時間が迫ってきていることを把握できます。また，アップテンポな曲のため，ペア・ワークでも活発な活動を促す効果があり，音楽に負けないような声の大きさで話をするようにもなります。また，ある程度長めの時間を使って，落ち着いたグループ・ディスカッションをさせたい場合には，7分という設定でビートルズの"Hey Jude"を使い，ボリュームは抑えながらも教室内に沈黙は作らず，発話に心地よいBGMとして利用することができます。教師が活動に使いたい時間ごとに曲を集め，1枚のCDにまとめておくととても重宝します。

25. パソコン・CALL の活用
したい活動があるから機能を活かす

ア：太田先生はいつもパソコンを持ち歩いていますね。

ヒ：今や手放せない道具ですからね。ちょっとした時間に原稿の書き直しもできるし。阿野先生もいつも使っていますよね。

ア：はい，インターネットで多くの情報を集められるし，データを整理して保存できるし。あとはメールチェックなどです。特別なことはしていませんが，パソコンを使わない日はないですね。

ヒ：パソコンがあるおかげで，仕事の範囲がぐっと広がって能率もアップします。

ア：パソコンの利用で能率がアップする，これがポイントですね。これだけ私たちの生活に入り込んでいるパソコンを英語学習に使わないのはもったいないですよね。

ヒ：黒板やチョーク，ピクチャー・カード，CD プレーヤーなどの教具に，強力な仲間が加わったと考えればいいでしょう。

ア：ということで，今月はパソコンや CALL 教室の利用で，英語の授業がどれだけ効果的なものになるかについて考えてみましょう。

パソコンを使うメリット

ヒ：パソコンは情報の授業や総合学習では使うけれど，英語の授業での使い方はわからないという声を聞きます。

ア：これは，パソコンを使うことが目的になっているからですね。パソコンは，あくまでも英語学習をより効率的に，そして魅力的にし

てくれるものと考えればいいと思います。
ヒ：例えばショー・アンド・テルなどいい例ですよね。何かを持って
　　きて発表するといっても，生徒が家から持ってくるものには限界が
　　あります。
ア：ぬいぐるみくらいなら何とかなるかもしれませんが，訪れた場所
　　について話すとしたら写真になるでしょう。
ヒ：でも写真は小さくて，クラス全体に見せながら話すことは難しい
　　ですね。
ア：そこでスクリーンに写真を大きく映し出すのです。パワーポイン
　　トを使えば，写真を次々に見せることができますよね。私の授業の
　　スピーチの発表では，よく生徒がプロジェクターを使って画像を映
　　しています。聞き手の生徒たちは写真に目を奪われながら，発表者
　　の英語に聞き入っています。
ヒ：スクリーンに映して視覚に訴えるという点では，小学校外国語活
　　動や中学校の授業にも使えます。写真を一部だけ見せたり，焦点を
　　ぼかしたりして，"What's this?"と尋ねる活動は手軽に行えます。
　　同じ手法で，"Who's this?"でクラスの生徒たちが興味を持ちそう
　　な人物を扱うこともできます。今は写真をデジカメで手軽に撮れる
　　ので，このような活動が簡単にできます。
ア：そのとおりですね。中学や高校では，最近フラッシュカードの代
　　わりにパワーポイントで単語の提示を行う先生もいます。何といっ
　　ても紙のカードを作る手間が省けるので時間の節約になり，教室へ
　　の荷物も減りますね。
ヒ：また，板書内容を事前に作っておいて，これを授業で提示するこ
　　とで，他の活動のための時間を生み出すことも可能です。

パソコン教室の活用
ア：太田先生は中学でどんなふうにパソコン教室を使っていましたか。
ヒ：ライティングを中心とした活動で一番よく使いました。流れはこ

うです。まず What did you do during the winter vacation? などのテーマで生徒たちは2人一組になり，話をします。その後，話したことをもとに，自分で「冬休みに何をしたか」についてパソコンを使って書きます。最後に質問を書いておくように指示をします。20分程度書いたら，書いたものを保存します。この保存場所には，あらかじめ共有フォルダを作っておきます。次に友達が書いたものを読む活動へ移ります。保存された友達の文章を読み，最後の質問文に自分の答えと名前を書きます。例えば，質問文が Did you visit a shrine? なら，Yes, I did. I visited Hachimangu Shrine with my family. (Hiroshi) などと答えを書きます。できるだけ多くの友達の文章を読み，答えを書くように指示をします。最後に自分の文章を開き，友達からの答えを読むという活動です。紙ベースでもできますが，パソコン教室だとより効率的に行えました。

ア：共有フォルダを使って生徒間でインタラクションを行う，まさにパソコン教室ならではですね。私も高校のライティングの授業はいつもパソコン教室を使っていました。書いた作文をそれぞれの生徒がファイルで保存して，1枚だけプリントアウトして提出します。これを生徒間で相互チェックしたり，ALTと私が添削して返却した後，それを見ながら各自がファイルを修正していきます。

ヒ：つまり，手書きとは違って文章全体を書き直す必要がないということですね。

ア：そこなんです。間違えたところに集中して英文の確認ができるのです。文法や語彙はもちろんですが，段落の順序なども，コピーして入れ替えを行うことで，全体の構成を考える機会になります。ワードを使えば，書いている最中に簡単なスペリング・チェックやグラマー・チェックができるのも，即時のフィードバックという点で効果があります。

ヒ：特にパラグラフ・ライティングで大きな効果が見込めますね。また，教員がファイルで生徒の作文を集めることもできますね。

ア：そうなんです。高校 3 年生のライティングでは，生徒の作文を集めて本を編集していました。

ヒ：どんな本ですか。

ア：例えば ALT 用の生活ガイドブック。校内の教室の説明や弁当の注文の仕方，それに学校周辺の飲食店案内までカバーしたものです。生徒が分担して半ページから 1 ページ程度を書きます。2 時間程度の授業で作文をして，そのあとすぐにデータの貼り付けができるので，簡単に本が作れます。40 人クラスで 1 人が 1 ページを書けば，なんと 40 ページの本になります。ALT は喜んで使っていました。

ヒ：生徒にとっても読者を想定して英文を書く練習ができるというメリットもありますね。ではライティング以外についても考えてみましょう。英語圏のウェブサイトを読むことで，生きたリーディングの教材になりますよね。

ア：読んだ後にスピーチやライティングのアウトプット活動を入れることで，情報を探しながらのスキャニングのトレーニングにもなります。

ヒ：個々のパソコンがインターネットにつながっていれば，中学生や高校生向けの音声教材にアクセスして活用もできます。

ア：Student Times の記事に音声がついているものなどを，授業の一部に取り入れていたこともありました。

ヒ：ラジオの「基礎英語」もネットからのストリーミング（ファイルをダウンロードしながら再生する機能）を使って，教室で聞けますね。

ア：私が中学や高校で教えていた時には「基礎英語」をネット上では聞けなかったので，いつも CD を教室に持ち込んでいました。でも今は，パソコン教室で生徒それぞれが何回も聞きながら，ダイアログのディクテーションをすることもできますね。

CALL 教室の活用

ヒ：私が中学で教えていた頃は LL 教室を使っていましたが，最近で

は中学や高校でも CALL 教室が少しずつですが増えてきました。

ア：私も高校の教員をしていた時には，LL 教室とパソコン教室を使い分けていましたが，中学，そして大学に移ってからは，ずっと CALL 教室を利用しています。太田先生は以前，LL 教室に救われたという話を聞いたことがありますが…。

ヒ：そうなんです。忘れもしない 2 校目の学校での話です。異動してすぐ担当したのが中 2 で，英語で話しかけても，声が出ない反応しない学年でした。音読も蚊の鳴くような声で，どうしようかと思いました。そこで LL 教室に行き，教科書本文を各自のブースに録音し，質問を与え，リスニングさせました。次に 5 分程度時間を与え，各自のペースで音読をさせました。その時のことは忘れられません。

ア：どんなことが起きたのですか。

ヒ：音読の声が聞こえたのです。自分のペースで周りを気にせずにできるので，生徒たちは何度もテープを聞きながら，練習していました。あの時のテープレコーダーを動かすガチャガチャという音，生徒の音読の声，今でも忘れられません。

ア：うーん，青春ドラマみたいですね。

ヒ：感動の一瞬でした。各自が自分のペースで活動できる LL の良さを感じました。その後，音読ができるようになった生徒は声を録音し，終わった生徒は次のディクテーションの課題に進むなど活動の幅を徐々に広げていきました。

ア：素晴らしいですね。さて CALL 教室は，パソコン教室・LL 教室・視聴覚教室の 3 つの機能を兼ね備えたものなので，目的に合わせていろいろなことができます。

ヒ：「いろいろなことができる」はポイントですが，「いろいろなことをしなければならない」というわけではないのです。

ア：全く同感です。授業でやりたいことがある，これを実現させるために使える機能を活用することだと思います。

ヒ：何を教材にしたらいいかわからない，また授業の進度が遅れると言う先生もいらっしゃいます。

ア：授業の進度が遅れるのは，普段の授業と違うことをしようと考えているからではないでしょうか。CALL 教室でも，基本的に教材は教科書だと思うのです。むしろ効率が上がって，結果として進度が速くなる可能性のほうが高いです。

ヒ：阿野先生はどんなふうに CALL の機能を使っていますか。

ア：太田先生と同じく，まずは音読です。普通教室の全体練習では，個人差もあり，なかなか個別チェックもできない。こんな時には，教科書付属の CD 音声を全員のパソコンに送り，自分の声をモデルに合わせて録音させながら繰り返し練習させます。生徒はヘッドフォンをつけているので，周りを気にしないで大きな声で音読します。うまく読めない生徒は，スピードを遅くして練習もできます。その間に，教師は順番にモニターしながら，個別に話しかけてアドバイスをします。

ヒ：私が LL で行っていたことと同じですね。これなら音読の量が圧倒的に増えます。他には何をしていますか。

ア：いちばん使うのが，自由にペアを組み替える機能です。普通教室でランダムにペアを組み替えるのは難しいですが，CALL 教室では同じ席にいながら，教師のパソコン上でのクリック 1 つで自動的にペアをランダムに組み替えられるので非常に便利です。生徒も誰とペアになるかわからないので，緊張感があり，楽しそうに練習しています。ここでも，生徒の会話を盗聴（？）して個別に話しかけることができるので，サボる生徒はいなくなります。

ヒ：したい活動があるから，それに合った機能を使う。これが CALL 活用のポイントですね。

ア：そうです。CALL 教室に行ったら CALL を使わなければならないということでもありません。私が CALL 教室で授業を行う場合も，こうした機能を使う時間はせいぜい半分くらいです。対面授業と

CALL を組み合わせることで，普通教室での授業以上に生徒の活動量を増やせます。

ヒ：英語は苦手だけれどもパソコン操作は好き，と言う生徒もたくさんいますが，こうした生徒の学習意欲を高めることもありますね。

ア：目的に合わせていろいろな教具を使うこと，大切ですね。

コラム㉑　歌の使い方（3）日本のポップスのカバー

ヒ：最近生徒との generation gap をよく感じます。

ア：そうですね。まだ若いつもりではいるのですが，授業で英語の歌を使う時に特に感じますね。私や太田先生の年代だと，カーペンターズやビートルズ，そしてビリー・ジョエルなどの歌を使いたくなります。もちろんこうした英語の歌を生徒に紹介する意味も大きいのですが，中には最近の曲を使ってもらいたいという生徒も多くいます。しかし，テンポが速すぎたり，歌詞の内容から授業で使用するのが難しい場合もありますよね。そんな時に教師と生徒で共有できるのが，日本のポップスをカバーした英語の歌です。

ヒ：例えばどんな歌のカバーですか。

ア：キロロの「未来へ」，コブクロの「蕾（つぼみ）」や「ここにしか咲かない花」，絢香（あやか）の「I believe」や「三日月」，『天空の城ラピュタ』の主題歌「君をのせて」なども生徒たちは大変興味を示します。メロディーはよく耳にしていて，生徒によっては歌詞の内容も知っていると，英語ではどう表現されているかなど自然と興味を持ってくれます。英語の歌詞が日本語とは全く異なるものもありますが，それはそれで発見にもなります。歌詞の聞き取りをしたり，クラス全体で歌ったりという使い方もできますが，授業開始前に曲を流しておくだけでも，興味を示した生徒からは「これは誰が歌っているのですか？」「さびの部分の英語，何て言っているのですか」という質問が飛び出し，生徒と話をするきっかけ作りにもなります。

26. 身近な道具の活用
サイコロからICレコーダーまで

ヒ：今回は授業で使える「小道具」について話しましょう。
ア：いいですね。普段，日常生活で使っている身近なものを「ひと工夫」すると，授業で大活躍することがありますよね。
ヒ：阿野先生が，授業用グッズとして持ち歩いているものを教えてください。
ア：ではまず，ちょっとした小道具から。

♣ **キッチンタイマー**

　黙読の時間，音読練習，ペア・ワーク，グループ・ワークなどで時間設定をする時に使います。操作が簡単なのが何よりです。単に時間を計るだけではなく，授業の進行にリズムを作る役割も果たします。はじめは時間をわざと短めに設定し，生徒から時間延長のリクエストを引き出すなど，使い方に工夫することができます。

♣ **ストップウォッチ**

　ストップウォッチは時間の経過を知ることができるため，クラス全体でスピードを競わせる場合に活用できます。ストップウォッチをクラスの生徒数分用意しておいて，個人で速読のスピードを計測させている先生もいます。

♣ **トランプ**

　4人以下のグループをランダムに作る時に使います。配布されたカードの番号がそのままグループナンバーになります。同じ番号に4

種類のマークがあるため，司会はダイヤ，レポーターはスペードなどと役割も同時に指定できます。また，クラス全員に1枚ずつ事前に配布しておき，教員が別の1セットを使って1枚ずつ引いていけば，スピーチなどの順番をランダムに決めていくことができます。

♣ サイコロ

グループの数が6つ以内の時，どのグループを指名するかを決めることができます。1つのグループの人数が6人以内の場合にも，それぞれのグループの中で事前に生徒に番号をつけておくことで，グループ内での発表順や役割を決められます。通常のサイコロ以外にも，12面，24面のサイコロなども市販されているので，これらを使うことで，少人数クラスならランダムに生徒を指名できます。

♣ ビンゴ

単語学習などでビンゴカードの形式を使うことはよくありますが，ここで紹介するのは数字が書いてあるビンゴ用のボールです。1番から75番までの番号が揃っているため，2クラス合同での授業など大

使える小道具たち
（左下から時計まわりに）トランプ，キッチンタイマー2種（左は秒単位で使用可），ビンゴ用のボール，サイコロ2種

人数の場合に，生徒をランダムに指名することができます。

♣ 音楽CD

いくつかの曲を用意しておけば，授業のさまざまな場面で使い分けができます。まずは，授業前から授業開始時にかけて流しておくもの。生徒が口ずさむ曲を使って，英語の雰囲気作りをします。次に，タイマー代わりに利用するもの。活動の時間設定用に1分の曲，2分の曲，3分の曲などを用意しておきます。曲の進行とともに，生徒は活動中に残り時間を把握することができます。最後に，生徒の発話を引き出すために使う音楽。ペア・ワークの時にアップテンポの曲をBGMとして流します。自分の声がまわりに聞こえにくくなるため，リラックスした雰囲気の中で普段より大きめの声で話すようになります。家で音楽を聞きながら勉強をする「ながら族」には快適な環境になっているようです。

ヒ：阿野先生はいつもこうした小道具を授業に持って行くのですか。
ア：はい，どれも私が授業に持参するカゴの中に常備されているものばかりです。中学・高校・大学全てに共通して使えるものです。これらは，直接に英語学習に役立つというよりは，授業の進行に役立つものですが，太田先生は教材自体を活かすための小道具をうまく使っているように思います。いくつか紹介してもらえますか。
ヒ：では，iPodと小型テープレコーダーを紹介したいと思います。

♣ iPod＋ポータブルスピーカー

私はiPodに教科書のCD（現行版，旧版），リスニング教材を入れています。こうしておけば，必要に応じてさっと教材を聞かせることができます。旧版を入れておくと，現行版と似ている内容を聞かせることができるのも利点です。こういうことができるのはiPodなどのMP3プレーヤーのいい点ですよね。これに小型で携帯できるスピーカーをヘッドフォンのジャックにつなげば，教室で簡単に再生できま

す。(これは早稲田中高の井戸聖宏先生から学びました。)

♣ IC レコーダー

　ペア・ワーク，ALT との 1 対 1 のインタビューなどを録音して，後で振り返る際に使います。スピーキングの活動は振り返ることが難しいですが，録音しておけば，後で確認することができます。生徒は録音を聞き，自分が何を話したかをチェックします。(ここで書かせてもいいでしょう。) そして「こう言えばよかった」という内容を英語で，「こう言いたかった」という内容を日本語で書きます。生徒のこの振り返った情報については，「みんなが言いたかった表現を教えるよ」などと次の時間以降に使うことができます。

ア：普段，私たちが音楽を楽しむ時に使っているものも，実は教室でも大活躍するんですね。音楽といえば，メトロノームも使えますね。

♣ メトロノーム

　ビートにのせて単語の発音練習をしたり，チャンツを授業に取り入れる時など，リズムボックスを使えれば変化をもたせられますが，高価なためなかなか手に入りません。その代わりに，小型のメトロノームでも同じように使えます。

ヒ：阿野先生，まだ小道具を使っていそうですが。
ア：まだいくつかありますね。

♣ 2 種類の小さなぬいぐるみ

　右手と左手用に 1 つずつ。私が使っているのは中に手を入れて操作する Tiger 君と Cat ちゃんです。ペア・ワークの前にデモをする時など，2 人の役割を明確にするために使います。ぬいぐるみが 1 つの場合には，教師との対話になります。

ヒ：これは使っている先生を時々見かけますね。会話に役立つといえば，私も1つあります。

♣ speech bubble

ペア・ワークで使う決まり文句（Me, too.），先生に尋ねる表現（Mr. Ota? ／ How do you say ... in English?），コメントを言う決まり文句（It was fun.）など，その時々に必要な表現を speech bubble に書き，黒板に貼り，生徒たちが英語を使う助けにします。speech bubble は板目紙を吹き出しの形にして，そこに教えたい表現を書くことで簡単に作ることができます。

ア：吹き出しの形にすると楽しそうでいいですね。最後に1つ。発音指導に力を入れている先生におすすめのものです。私は恩師のまねをしました。

♣ 歯磨き指導用の歯型

歯医者で使うものは高価なため，子どもの歯磨き指導に使うおもちゃを使っています。個々の子音や母音の作り方を，口の模型を使って説明できます。舌の役割をするのは教師の手ですが，ピンクの靴下を使えば，本物さながらです。

ヒ：なるほど。身の回りにあるものも，ちょっとしたひと工夫で，授業に取り込めるものですね。
ア：授業は活気を持たせて楽しくやることが，生徒への動機づけや学習効果にもつながりますからね。そのために一役買うのが小道具ですよね。

第4部

テストと評価

27. 小テスト
指導のため？　評価のため？

ア：太田先生は小テスト，よくやっていましたか。

ヒ：やっていましたね。生徒に勉強させたい時に使えますからね。

ア：勉強させたい時，ですね。つまり，日常の指導の一部と考えているわけですね。

ヒ：ははぁ。阿野先生がなぜ小テストについて聞いてきたかわかりました。指導と評価の観点から小テストを考えようというわけですね。

ア：さすが太田先生。小テストを評価のための資料として使おうと考えるか，それとも生徒に力をつける指導の一環として考えるかで，出題の仕方や形式が変わってきますからね。

ヒ：阿野先生は，小テストは指導の一部として使うもので，評価のためのものではないと言いたいわけですね。

ア：もちろん結果として評価資料の一部になることはありますが，あくまでそれは結果として使えるものもある，ということです。では今回は，どうしたら小テストを指導に生かすことができるかを考えていきましょう。

単語テスト

ヒ：小テストとしてよく行われているものは，何と言っても単語テストでしょう。授業の最初に，前回までに教科書で習った単語を覚えているかを試すテストもあれば，単語集の範囲を指定してテストする場合もあります。

ア：太田先生，今「覚えているかを試すテスト」と言いましたね。これを「覚えるためにするテスト」と言い換えてみましょう。これだけで出題の仕方が変わると思うんです。

ヒ：今日の阿野先生，なかなか厳しいですね。ことばの使い方に気をつけなければ。でも，その考えには賛成です。高校では，どのような単語テストをすれば生徒の単語力を伸ばすことができるのでしょうか。

ア：これは高校に限りませんが，1回に出題する単語の数がポイントだと思います。

ヒ：数を絞る，ということですね。

ア：そのとおりです。対象にする単語数と，出題する単語数をできるだけ近づけるということです。

ヒ：具体的に話してもらえますか。

ア：はい。例えば教科書1レッスンの新出単語をまとめてテストすると，かなりの数になりますよね。高校の教科書なら30語にとどまらず，50語なんていうこともあります。これだけの範囲から出題するということは，もはや小テストとは言えませんね。

ヒ：はじめからあきらめる生徒も出てきますね。

ア：そうなんです。これだけ多くの単語から10個の単語を出題しても，正答率は半分くらいなんていうことも起こります。これでは生徒を選別するテストになってしまいます。

ヒ：そこで「もっと範囲を絞る」，ということですね。

ア：はい。例えば1つのパートから絶対に覚えてほしい単語を5個指定して，そこから3つ出題するのです。場合によっては3個指定してその3つを出題してもいいと思います。

ヒ：これならばどの生徒も覚える気になりますね。仮に家で勉強してこなくても，登校してから集中してやれば，何とかなりますからね。

ア：全員が「やれば満点を取れるテスト」，つまりクラスの全員に，大切な単語を覚えるきっかけを与えるテスト。これが小テストの意

味だと思うんです。では，中学校で単語テストをする時には，どんなことに気をつけたらいいですか。
ヒ：そうですね。気をつけることは2点です。1つは「いつ単語テストをするのか」，もう1つは「どの単語をテストするのか」です。
ア：いつって，多くの場合は授業の最初でしょう。
ヒ：違うんです。「いつ」とは導入した単語をどの時期にテストするかということです。
ア：導入してすぐに単語テストをしない方がいいと言いたいんですね。
ヒ：そうです。たくさん聞いて，たくさん発音して，たくさん練習した後にテストすることが大切だと思います。特に中1の入門期は注意が必要です。例えば曜日の言い方を導入して発音した直後に，「来週テストだぞ」というやり方はしないということです。曜日の言い方をたくさん聞かせ，使う場面，書く場面があってから，しばらくして単語テストを行うことが大切だと思います。中1の最初は聞けて，発音できても，書くことは難しいですから。
ア：入門期は特に注意が必要ですね。もう1つの「どの単語をテストするのか」も話してください。
ヒ：はい。これは阿野先生と同じ考え方です。単語は「書けるようにする語」と「理解だけでいい語」に分けることが大切だと思います。「書けるようにする語」はその後何度も出てくる頻度の高い語ですよね。それをテストすることが大切だと思います。
ア：単語に対する教師の見極めが大切ということですね。

文法の小テスト

ア：では今度は文法の小テストについて考えていきましょう。
ヒ：高校では生徒に文法の問題集を持たせて，範囲を区切りながら毎回の授業のはじめに小テストをする，というイメージがありますが。
ア：イメージではなく，本当にありますよ。しかも，教科書で学ぶ文法事項とは直接関係ない範囲，例えば教科書で関係副詞をやってい

る時に，問題集の仮定法の範囲の小テストをやっているなんてこと
もないとは言えません。

ヒ：それって，授業での指導なしに生徒に自習させてきて，「いい点
を取れ」って言っているようなものじゃないですか。

ア：そこが問題なんです。もちろん多くの先生方は，教科書の学習内
容と関係ある範囲を指定して，授業での学習事項の定着を図るよう
にしていますが，そうでない場合もあるので注意が必要です。

ヒ：なぜそのようなことが起きるのですか。

ア：理由はいくつかありますが，まず問題集の範囲を前から区切った
方が指示を出しやすいということです。それに最近では問題集付属
の教師用 CD-ROM があって，順番に出題すれば簡単に問題を作成
できるからです。でもやはり学習者側の視点がほしいですね。

ヒ：ところで阿野先生は高校で教えていた時はどうしていたのですか。

ア：聞かれてしまいましたね。白状しましょう。さすがに授業でやっ
ていないところの小テストはしませんでしたが，それまでに一度
でも学習したことのある項目は，その時の授業とは直接関係ない範囲
でも出題していました。

ヒ：うまくいきましたか。

ア：どんどん聞かれてしまいますね。ちゃんと理解している生徒にと
っては復習になってよかったかもしれません。でも，その文法事項
でつまずいていたり，すでに忘れてしまったりしている生徒にとっ
ては，単に問題集の答えを暗記して答えていただけなのです。

ヒ：それって問題集の問題をそのまま出していたということですか。

ア：その場合が多かったのですが，これではまずいと思って，問題集
の英文を少し変えて，生徒が考えて答える問題も出しました。でも
またこれが大失敗。

ヒ：わかっている生徒だけが答えることができて，これから定着させ
なければならない生徒は答えられないまま，ということですね。

ア：そうなんです。教室での指導なしにその時点での理解度を小テス

トで試し，テスト後に初めて授業で取り上げるということをしていました。理解できていない生徒たちを苦しめるだけのテストをやっていたので，本当に反省しています。今ではこのようなことはしないように気をつけています。

ヒ：単語テストでも話が出たように，がんばれば生徒全員が満点を取れて，それが生徒の理解と定着につながる小テストをしたい，ということですね。では具体的にはどんな文法の小テストが考えられますか。

ア：まず，生徒にしっかり暗記してもらいたい教科書の英文を指定して，それを正確に書けるようにするテストがあります。

ヒ：これなら努力しだいで全員満点が取れますね。

ア：そうですね。また，冠詞や前置詞などを定着させたければ，教科書本文の冠詞や前置詞を空欄にして埋めさせるなども考えられます。この出題形式を事前に知らせておけば，生徒は教科書本文の意味を考えながら，そして言葉の機能を考えながら家で音読をしてきます。

ヒ：この方法は中学でも使えますね。本文中でターゲットの文法事項を空欄にして埋めさせるテストは作成が簡単で重宝しますね。例えば動詞の過去形がポイントならば，動詞の過去形の部分を空欄にします。ちょっと応用したい場合は，過去形だけを空けず，現在形も空欄にすると生徒は考えることになります。「ここは過去形がポイントだから，空欄も過去形」と思わせないことも大切です。

ア：このテスト準備のために，生徒は教科書を何度も読むことになり，英語が頭に残りますね。

小テストの目的を明確にする

ア：ここまで単語と文法の小テストについて考えてきました。音読などの実技テストは別にして，紙で行う小テストとしては，高校ではこの２つが主流だと思います。中学ではもう少し別の小テストも考えられるのではないですか。

ヒ：私が中学で教えていた時にやっていたのはディクテーションです。これは小テストだけではなく，復習としてもいい活動です。ただしここでも「いつ行うか」がポイントです。

ア：具体的に教えてもらえますか。

ヒ：はい。例えば，中1の11月に中1のLesson 1にある英文のディクテーションをさせるなどです。もう1つは教科書の1レッスン全部の要約をALTに作ってもらい，空欄を作り，それを埋めさせるテストもしたことがあります。

ア：私も同じようなことをしていましたね。高校で，教科書本文に深みがある題材を読んだ後は，ストーリーのキーワードを空欄にしておいて，そこに単語を補うという小テストをしたこともあります。これは，続きの話に入る前に前回のストーリーを振り返るという目的と，生徒にもう一度，本文の内容を考える機会を持ってもらいたいという理由からです。もちろんこのような小テストをすることは，事前に生徒に知らせておきます。

ヒ：大切なことは，何のためにする小テストか，そして生徒にどんな力をつけさせるためにする小テストか，その目的を明確にすることですね。

ア：そのとおりですね。小テストを指導の一環として有効に活用するためには，きちんと前の授業で指示を出し，宿題でやってくる学習内容と方法を明確に伝えることが大切です。

ヒ：そしてきちんとやってきた生徒は満点を取れる。満点を取って力をつけ，その努力を評価してあげる，ということですね。

ア：そうですね。そして，小テストを通しての指導が，結果的に定期テストの出題にも関係してきますよね。

ヒ：まさにその通りです。では定期テストについてのひと工夫を考えなければなりませんね。

ア：はい。次章は定期テストの作り方，そして定期テストの活用の仕方について話すことにしましょう。

ヒ：いいつながりですね。楽しみになってきました。自分が作ったテストを見直してきます。

コラム㉒　ノートはしまわせる，鉛筆は持たせない

ア：生徒の中には，ノートを取ることが勉強だと思っている者も多いですよね。もちろん授業の内容をきちんとノートにまとめることも必要ですが，教師の話をしっかりと聞かせたい時や活動に参加させたい時には，ノートを取る習慣が障害になる場合もあります。特に音読や話す練習を行う時にノートを開いていると，身につけるための活動に集中できず，結果的に授業の学習内容が未消化で終わってしまうこともあります。

ヒ：このような時は，ノートを閉じるように指示することが大切ですね。

ア：そう思います。閉じるだけではなくノートを机の中にしまわせて，鉛筆も手に持たずに机の上に置かせ，ノートに記録する代わりに頭の中に英語を残すことに集中させます。逆に，ノートを取る場面では，教師も話を中断して，生徒自身に考えさせながら書かせることも必要でしょう。つまり，授業での活動の目的に合わせて，その時に何をしたらいいかを生徒に指示していくということです。また，教科書の予習や復習などで，教科書本文をノートに写すことが英語の勉強だと思ってしまうこともありますが，こうした生徒にも指導が必要ですね。つまり，教科書本文を1回ノートに写す時間があれば，何回音読することができるかを考えさせてはいかがでしょうか。おそらく5回程度，場合によっては10回くらいの音読ができる場合もあるでしょう。そして音読を繰り返した後にノートに写すことで，写す時間が半減するのに加えて，意味を確認しながら正確な英語を身につけていく活動にすることもできます。

ヒ：活動の目的に合わせて教師がしっかりと指示を出すこと，そして英語をノートに書く代わりに頭に残す，という発想も大切ですね。

28. 定期テスト
到達目標を出題形式で具体化する

ヒ：阿野先生，突然ですがテストです。
ア：テストですか。いきなりですね。
ヒ：はい。前章のこの対談の話題は何だったでしょうか。
ア：いくら忘れっぽくなった私でも覚えていますよ。「小テストの使い方」ですよね。
ヒ：そうです。正解！
ア：ところで今の質問って何のテストですか。
ヒ：おっと，切り返してきましたね。単なる記憶テストです。
ア：やはり…でも脳年齢テストなんて言われないでよかった。ところで，今回のテーマは何ですか。
ヒ：もちろん，定期テストです。

定期テストの目的
ア：まず定期テストは何のために行うのかを考えてみましょう。「行事予定にあるからやる」ではなくて…
ヒ：それまでに授業で行ってきたことがどのくらい身についているかを測るのが目的ですよね。つまり，アチーブメント・テストです。そんなこと，当たり前じゃないですか。
ア：そうですよね。でもこの当たり前のことをいつも念頭に置く必要があると思うのです。
ヒ：と言うと…？

ア：実力テストとは違うということです。

ヒ：阿野先生，わかりました。実力テストのような問題が出題されている場合があると言いたいのですね。

ア：そうです。授業でリスニング指導をしていないのに，定期テストでリスニングの出題をしている場合があるということです。

ヒ：あっ，若い頃の悪夢が再び…若い頃，私がこのことを聞いたら，「ドキッ」としたと思います。定期テストでは，「理解の能力を測らなくてはいけないから，リスニングテストをする」という感じでしたから…

定期テストの設計の仕方

ア：また太田先生に懺悔させてしまいましたね。では気を取り直して…太田先生は定期テストの目的を確認した後，どのような手順でテストを作っていましたか。

ヒ：挽回の機会を与えてもらい，ありがとうございます。まずは教科書，授業略案が書かれているノート，ワークシート，副教材などを見返して，授業で行ったことを振り返り，メモをします。

ア：それから？

ヒ：メモを見ながら，どのような出題ができるかを考えます。例えば，授業で時間と場所という要点を聞き取るリスニングを行ったら，リスニングテストでも同じ形式でテストしようと考えます。

ア：授業で行ったことをテストする。まさに定期テストの目的に「ピタッ」ですね。

ヒ：若い頃の失敗は生かさないと…（笑）。それからそれぞれの出題分野の配点を考えます。例えば，今回は授業で自己表現など書かせることを多く行ったから，ライティングの配点を多くする，などと決めていきます。

ア：授業でどのくらい時間をかけたかによって配点を決めるのですね。

ヒ：そうです。例えば授業でリスニング練習をたくさんしたのに，定

期テストで5点分の出題しかしなければ，生徒たちは「なんだ」と思ってしまいますよね。

ア：授業で何をしたかを振り返り，指導内容に合った問題形式を考えて配点を決める。そういうことですね。

ヒ：待ってください。もう1つあるのです。

ア：まだあるのですか。アイディアを寝かせるのですか。

ヒ：いいえ。生徒たちに「定期テスト・チェックリスト」を出すのです。

ア：チェックリストって，どのようなものですか。

ヒ：定期テストの勉強の仕方を具体的に書いたものです。「CDと同じ速さで教科書の音読ができるようにする」「教科書の本文の一部を変えて自分のことが書けるようにする」などを書いたチェックリストです。

ア：これは親切ですね。

ヒ：始めたきっかけは中学に入ってきたばかりの生徒から「テスト勉強をどうしたらいいのかわからない」という声を多く聞いたからです。まず勉強の仕方を教えなければならないと思いました。これは中1の終わりぐらいまで出しました。

ア：中学に入学して最初の頃はテスト勉強の仕方がわからないですから，その方法はいいですよね。わたしも中学で教えていた時は，太田先生と同じように，テスト1週間前に出題内容の概要と形式，それに配点を書いた用紙を渡して，生徒が勉強する内容をわかるようにしておきました。

ヒ：ところで阿野先生は高校ではどのようにテストの設計をしたのですか。

ア：基本的には太田先生が中学で行っていたのと同じです。授業で目標とする力をつけているかを試すのが目的です。ただ，高校では1つのレッスンが長いために，授業の途中で指導目標を見失いがちです。そこで，事前に次の定期テストでの出題方針を決めておくと便

利です。

ヒ：例えばどんな方針を立てておくのですか。

ア：テストで情報の拾い読みができる力を試すと決めておけば，授業では教科書から一定の時間内に情報を収集する練習を行うようになります。また，パラグラフの並べ替えを出題すると決めれば，授業でも論理展開に注意した読み方や接続詞の使い方に注意して読む指導が多くなります。

ヒ：授業の到達目標を，テストの出題形式で具体化するということですね。

ア：そうですね。特に大学受験を意識した場合には，教科書を使って勉強した結果として，初見の英文を読めるようにならなければならないので，こうした意識は特に大切になってきますね。

定期テストの具体的な問題パターン

ヒ：阿野先生，それではいよいよ具体的にどのような問題を出題したらいいか，話しましょう。先生方が一番頭を悩ませるのは教科書本文をどのように定期テストの問題パターンにするかですよね。高校ではどうですか。

ア：まず教科書本文をそのまま出したほうがいいものと，教科書本文から出してはいけないものの2種類の問題があります。

ヒ：出してはいけないものとは…？

ア：例えばリスニングの問題に，すでに授業で何度か聞いている英文を出してその内容についての質問をすること。同様に，教科書にある英文についての和訳や内容理解を試すことなどです。

ヒ：これでは英語の試験ではなく，単に日本語で内容を覚えていればできてしまいますからね。

ア：そして和訳が出るとわかっていれば，生徒は和訳した日本文を暗記さえしていればいい点数が取れてしまうため，試験勉強では英文そのものよりも和訳の暗記に走ります。つまり，リスニングやリー

ディングのストラテジーを授業で習った結果，その方法を使えば解答できる問題を出すということです。

ヒ：このパターンは忘れてはいけないですね。授業で概要を聞かせるリスニングをしたら概要を聞き取らせるリスニングの問題を，要点として数字を聞き取らせるリスニングを授業で行ったら，テストでも同じことをするということですね。

ア：そのとおりです。教科書の本文と似た英文，例えば時間の流れに沿って書かれた英文の読解練習をしたら，タイムオーダーを軸に書かれた別の文章を試験に使うなどです。もちろん ALT などの協力を得て，教科書本文を書き換えて新しい情報を含めた英文にして使うこともできます。

ヒ：では逆に教科書本文から出す問題ってどんなものがありますか。

ア：1つは言語材料を定着させるために，教科書にある英文や単語をそのまま覚えてほしい場合です。前後の英文を提示して，文脈をヒントにして英語を書かせたりできます。また，冠詞の使い方が定着しているかを試すために，内容のよくわかっている英文中の a や the を空欄にして入れさせるなども，教科書本文を利用してできます。

ヒ：もう1つは？

ア：自分の意見を書かせる問題です。授業中に教科書題材について，ペアやグループ活動として口頭で意見を述べる活動を行いますよね。そこで，テストでは参考資料として教科書本文を提示しておいて，生徒の意見を書かせるライティングの問題を出します。このような問題が試験に出るとわかれば，教科書の題材について深く考えるようになるのと同時に，授業中の活動にも今まで以上に熱心に取り組む生徒が出てくるという効果も期待できます。ところで太田先生は中学校の教科書本文をどのようにテスト問題にしていたのですか。

ヒ：はい，私はリーディング力を見るために教科書本文を使う時には，本文の一部を変えて出しました。

ア：どんなところを変えるのですか。

ヒ：人物や場所の名前，時制を変えたりします。もう少し変えたい時は，肯定文を否定文にしたり，逆にしたりもします。

ア：こうすると生徒たちには全く同じ文章でもなく，かといって全く違う文章でもなく，ということになりますね。

ヒ：そこが狙いです。後は質問を出したり，授業で理解した内容をテストに生かすようにしたりしました。

定期テストの採点が終わった後にすること

ア：テストの採点が終わったら，太田先生はどうしていましたか。

ヒ：まず，多くの生徒に共通した気になるミスをメモしておきました。それをテスト返しの時間や，テスト後の数回の授業で繰り返し扱いました。

ア：テスト返しの時間に何をしたのですか。

ヒ：まずはテストを返す前にリスニングテストをもう一度解いてもらいました。テストを返してしまったら，生徒たちは「ぎゃー」「今日は家に帰れない！」など点数だけに気持ちが行ってしまうからです。

ア：その生徒の気持ち，わかります。

ヒ：そこでまずリスニングをして，後は共通して間違えた問題を解いてもらい，それを解説しました。

ア：まず気づいてもらうという作戦ですね。

ヒ：そうです。阿野先生はどうしていたのですか。

ア：これは中学に異動してからやっていたことですが，答案返却時に解答用紙といっしょに「テスト結果報告書」という個人ごとの紙を渡していました。設問ごとに出題のポイントと各自の得点を表に記入したものです。「語順の知識8／10」「内容の読み取り9／20」というように示すことで，それぞれの生徒が何を復習しなければならないかを提示できます。

ヒ：合計点だけでは一喜一憂して終わってしまいますからね。

ア：それと教師が忘れてはならないことは，平均点だけを見て自分の

指導を総括したり，クラス間の出来を比較したりしないことですね。ほとんどの生徒が60点から80点の範囲に納まっていて平均が70点の場合は，どの生徒の定着度も近いと考えられます。ところが30点から90点に散らばっていて平均が70点だとしたら，授業についてきている生徒と全く授業を理解できていない生徒がクラス内に混在していることになり，根本的に指導方法を見直さなければなりませんからね。

ヒ：定期テストの内容や結果を考えると自分の授業内容に関わってきますね。テストにひと工夫は授業にも良い影響を及ぼしますね。

コラム㉓　日本語の雑談と英語の雑談の使い分け

ヒ：授業中の先生の雑談って，生徒は結構覚えているものですよね。

ア：そうですね。それだけ雑談は生徒の心に届く大切なものだと思います。ただし英語の授業では，日本語による雑談と英語による雑談の使い分けがキーになりますね。例えば「昨日太田先生とカラオケに行ったけれど，太田先生って実はカラオケのプロなんだよ！」と日本語で話したとしたら，これは英語とは何の関係もなく，時間の無駄になってしまいます。しかし，これを英語で話しかけたらどうでしょう。生徒たちは英語であることを忘れて，「え，太田先生って歌が上手かったんだ！」と身を乗り出して聞いてくるかもしれません。つまり，英語を通してのコミュニケーションが成立し，そのまま英語による授業を始めることができます。つまり，生徒が関心ある日常的な話題を取り上げる雑談は英語でするといいと思います。それに対して，生徒の英語学習を喚起するための話や，話題提供によって教科書本文の内容理解の助けとなるような話は日本語で行うことで，授業効果を高めることになります。いずれにしても，生徒には使用言語に関係なく，楽しく役に立つ雑談としてとらえてもらえるようになればしめたものですね。

29. 実技テスト
指導と評価の一体化のために

ア：太田先生，前章では定期テストについて話しましたね
ヒ：「テストが変われば授業が変わる」という話になりました。
ア：そして「授業が変われば，生徒も変わる」。つまりテストには生徒を変えるだけの大きな力があるということで，私たち教師は，テストの設計と実施に十分な配慮が必要だということです。
ヒ：しかし，定期テストをしても変えられない部分があることも忘れてはいけません。話す力を伸ばしたくても，筆記テストではカバーできませんから。
ア：そこで登場するのが実技テストですね。
ヒ：そうです。今回は実技テストの意味と実施の工夫について考えていきましょう。

実技テスト実施の意味

ア：大学でスピーキングの授業を担当していますが，学期末が近づいてくると，学生から「先生，定期テストはないのですか？」とよく聞かれます。
ヒ：それでどう答えているのですか。
ア：最初の授業のガイダンスで話していることを繰り返すだけです。
ヒ：というと。
ア：話す力を筆記テストでは測れないので，授業中に行っているスピーチなどのパフォーマンスで評価すると説明します。

ヒ：きっと学生には，英語は筆記テストの結果で評価される，というこれまでの経験からの意識があるのでしょうね。
ア：意外な顔をする学生には，「音楽や体育の評価は，筆記テストだけではできないよね。英語も同じでしょ」と話をすると納得します。
ヒ：前章でも話しましたが，授業で指導していることを評価するのがテスト，と考えるということですね。仮に4技能を同じウェイトで指導しているとすれば，25％分は，話す力を測る実技テストが必要ということになります。
ア：そこですね。授業で指導していることを評価するという原則に立てば，もし授業でスピーキング活動をやっていないにもかかわらず話す力を測る実技テストをやるとしたら，これもまずいですね。
ヒ：指導しないで，その時点の生徒の力だけを評価することになってしまいますからね。

評価に占める割合

ア：時々受ける質問の中に，評価の資料として実技テストにどのくらいの割合を持たせたらいいかというものがあります。
ヒ：基本的には，授業に占める活動の割合と同じですよね。
ア：そうですね。体育の授業で1学期に水泳をやっていれば，水泳の比率が高くなるのと同じです。中学ではどんな状況でしょうか。やはり実技テストのウェイトは高いのではないでしょうか。
ヒ：授業の中で，実技テストをする回数が増えればウェイトは高くなると思います。ところが複数の実技テストをする時間がなかなか取れないのが現状だと思います。私は各学期末にALTとの1対1のインタビューをしていましたが，これ以外にはスピーチコンテスト用にスピーチをするのが精いっぱいでした。インタビューテスト，スピーチはそれぞれ，100点中15点ぐらいでした。私は評価の中に実技テストの評価がある程度入るということがまず大きな一歩だと思います。

ア：そうですよね。

ヒ：ところで高校ではどうですか。

ア：今は少なくなってきましたが，以前は中間テストと期末テストの合計点だけで順位をつけて成績を決めていた高校の先生もいました。リーディングやライティングの授業ならともかく，コミュニケーション英語のような総合科目でもです。

ヒ：授業で話す活動をやっていないということですか。

ア：それもありますね。授業で話す言語活動をしていないのに，インタビューテストはできませんから。授業中にリスニングの活動をしないで，テストでリスニングテストを行うのと同じになってしまいます。

ヒ：というと他にも理由があるのですね。

ア：学年で共通テストを行い，共通の基準で成績をつける場合にも考えられます。全員の先生が必ずやっている活動，そして共通の尺度で点数を出しやすい筆記テストだけを評価資料にするということもあります。

ヒ：これでは生徒も授業での話す活動を軽視するようになってしまいますね。

ア：逆に考えれば，共通の評価基準に実技テストを入れれば，どの先生もその実技テストに向けて授業中に話す活動を取り入れるようになるので，その意味でも実技テストは大切ですね。センター試験にリスニングが導入された結果，高校の授業でリスニングの活動が増えたことからもわかります。以前，私が高校で教えていた時のことですが，オーラル・コミュニケーションの評価に関して，リスニングを主とした定期テストと，スピーキング力を測る実技テストの比率をほぼ同じにしようと打ち合わせた結果，それぞれのクラスの授業中の活動も，それに合わせて変わってきたという経験もあります。

ヒ：生徒も，泳げなければ体育の成績が下がってしまうと思うのと同じで，実技テストでいい評価をもらえなければ英語の成績が下がっ

てしまうと考えて，話す力を伸ばそうとがんばることになるでしょうね。

実技テスト実施の工夫

ア：全員の生徒に実技テストを実施する時間をどう確保するかも課題ですね。40人いれば，1人1分でも40分はかかりますからね。太田先生はどうしていましたか。

ヒ：私は先ほど話したALTとの1対1のインタビューを毎学期末に行っていました。1人2分ですから，40人で50分授業2時間分かけました。2時間分というと大きいのですが，毎学期行っていたので，学期の最初に計画を立てる時に，最初にその時間を確保してしまいます。そうすると残った時間で日頃の授業を考えることになります。インタビューテストを行うのはいつ，とそこから考えていくと，授業の計画もできてしまうものだと思いました。

ア：確かにそうかもしれませんね。時間はどれだけあっても足りないですからね。ところでテストの順番を待っている間，生徒たちは何をしているのですか。

ヒ：インタビューテストを期末テスト前にする時は，テストの勉強やノート作りをする時間にあてました。またここで生徒を呼んで，ノートを点検したり，ちょっとした面接をして英語の学習状況などを尋ねたりもしました。さらに「最近あったことを日記で書きましょう」などライティングの課題を出し，書かせたこともあります。じっくり時間が取れるので，書いている生徒を呼んで個別指導をすることもできました。

ア：インタビューテストを終えた生徒はどうするのですか。

ヒ：ワークシートを使って振り返りをしてもらいます。まず自分が話したことを覚えている範囲で書き，その後，自分が言いたかったけれど言えなかったことを日本語で書き出し，最後に振り返って感想を書いてもらいます。

ア：なるほど，時間をめいっぱい使う太田先生らしいですね。

ヒ：阿野先生はどう時間を確保して使っていましたか。

ア：私も教員になってしばらくの間は，授業時間をまるまる使って実施していました。1時間のことが多かったですが，時には太田先生のように2時間使っていたこともありました。1人ずつ別室に呼んでインタビュー形式のテストを実施していたため，他の生徒たちは与えられた課題をしたり，自習をしたりしていました。自習といっても，実技テストが終わった生徒はリラックスしてただ待っているという感じです。

ヒ：これが多くのパターンだと思いますが，その後，阿野先生はどのような工夫をしたのですか。

ア：CALL教室を使えばあっという間に終了することができます。私がクラス全体に発問をして一斉に答えさせ，録音した音声ファイルを回収します。例えば "What are you going to do this summer?" と質問して，全員の生徒が同時に，夏の予定を1分間で話すという形式です。

ヒ：ハイテクですね。

ア：いいえ，高校で教えていた時にはまだLL教室だったので，実はカセットテープに録音させて回収していました。

ヒ：なるほど。これなら1分間で終わりますね。でもその後，阿野先生は全員の音声を聞くわけですよね。

ア：はい。インタラクティブなテストにはなりませんが，ゆっくりと時間をかけて評価できるため，生徒それぞれの課題も見えてきます。ただし，複数クラスのテストが重なると，採点のための時間を確保するのが厳しかったのは事実です。そこで，ディベートやスピーチなどを行う時には，そのパフォーマンスの評価で実技テストに代えていたこともあります。

ヒ：中学に移ってからはどんなふうにしていましたか。

ア：まず音読テストについて話しますね。私の授業ではほぼ毎時間，

音読リレーと言って，1人15秒ずつ前に出て順番に音読する活動を行っていたので，「次回は音読テストとして評価するよ」と宣言をして実施していました。テストの日は，15秒を30秒に変えることで余裕をもった評価ができます。

ヒ：授業でやっている活動がそのまま実技テストになるのは，まさに指導と評価の一体化という点でもいいですね。では，インタビューテストはどうしていましたか。

ア：グループ形式で3人から5人を一度にテストすることもありました。いわゆる集団面接と同じです。授業でグループワークを取り入れていたため，この形に近づけるという意図もあります。

ヒ：時間的にも1人ずつ行うよりはかなり短縮できますね。

実技テストの評価方法

ア：実技テストの評価方法が難しいという先生もいらっしゃいます。

ヒ：教師が全体的な印象でA，B，Cをつける場合もよくありますね。

ア：そう思います。これだと，テスト後に生徒が評価を教えてもらっても，今後何をどう改善していいかわかりませんよね。

ヒ：つまり生徒への具体的なフィードバックを与えられないということですね。阿野先生はどんな評価基準を作っているのですか。

ア：その実技テストまでの授業で指導してきたポイントに絞って評価するようにしています。スピーチならば「聞き手全員に話しかけることができた」「具体例を使って説明できた」などの項目を2つか3つくらい立てます。インタビューテストならば，「whatやwhyなどのフォローアップ・クエスチョンを使って会話を発展させることができた」などです。もちろんテスト前にこの基準を生徒に明示し，テストでの注意点を確認します。

ヒ：これなら生徒も実技テストの対策を立てやすいですね。

ア：太田先生は，実技テストの評価はどうしていましたか。

ヒ：私の評価基準も同じです。つまり授業で「こうするといいよ」と

生徒に伝えていて，授業で練習してきたことが評価基準になります。インタビューテストなら，最初は「ALT に質問できた」「ALT の質問に答えることができた」「質問に答えた後，1 文つけ足すことができた」などです。生徒にはあらかじめ示します。

やる気にさせる成績評価

ア：前章から 2 回にわたって評価に関係する話題を扱ってきましたが，ここで成績評価全般に関して，「生徒の学習意欲を高めるための評価の工夫」について話しましょう。

ヒ：ここは私から話させてください。

ア：はい，待ってましたよ，太田先生。

ヒ：私は，前回行ったテストと比べて伸びを実感してもらうようにすることが一番大切だと思います。例えばインタビューテストでは，先ほど述べたインタビュー後の振り返りシートを，前回のものと比較しながら振り返ってもらいます。そうすると「前回と比べてこの点が違ってきた」と感じることができると思います。

ア：生徒自身に比べさせるのはいいですね。でも伸びない時もありますよね。

ヒ：もちろんそうです。英語は各学期で必ずしも順調に伸びるものではないですから。それを伝えることも大切だと思います。そんな時はこういう練習をすると最終的には伸びるよ，とコメントを書いたりします。また教師側から伸びを実感させることもできます。例えば音読テストでは，前回の時に記録してあるコメントを見て，「こういう点が良くなったよ」と伸びた点を具体的に伝えることができます。

ア：記録はどこに残したのですか。

ヒ：クラスの名票に書きました。「l の発音がうまい。th の音の出し方をアドバイスした」など気づいたことを簡単にメモしました。

ア：なるほど。ポイントは，それぞれの生徒が努力を認められたと実

> 〜 Interview を振り返って〜
>
> ☆インタビューを楽しみましたか？自分で評価してみましょう。
> 下のA～Cの項目について，4～1で評価しましょう。
> 　4... 大変よくできた（Excellent.）
> 　3... よくできた　　（Good.）
> 　2... まずまず　　　（So so.）
> 　1... 努力しなくては（Needs work.）
>
> A．会話を継続しようとしたか？
> 　　（コミュニケーションしようとする姿勢）（　　　）
> B．適切な文や語句を使ったか？（正確さ）（　　　）
> C．相手の言ったことに自然に反応できたか，自分の言いたいことをすらすら
> 　　と言えたか？（流暢さ）（　　）
>
> ☆インタビューをしてみての感想を書きましょう。
> 1．よかった点（前回のインタビューから力がついた点など）
>
>
> 2．直したい点
>
>
> 3．こんなことが英語で言いたかった...
>
>
> 4．インタビューの内容を右に書きましょう。（覚えている範囲でOK！）
>
> Date（　　　　　　　　　　）
>
> Class（　）No（　）Name（　　　　　　　　　）

インタビュー後の振り返りシート

感できること。そして，これからもがんばろうと思えることですね。

ヒ：そうだと思います。

ア：水泳の例を使えば…

ヒ：今回は水泳が多いですね。どうぞ。

ア：25メートル泳ぐという実技テストがあったとします。今までは10メートルしか泳げなかった生徒が努力した結果，20メートル泳げました。

ヒ：これは大きな進歩ですね。ここまでがんばった努力は評価に値しますね。

ア：満点まであと5メートル。先生からのアドバイスは，息継ぎ。つまり，「息継ぎさえうまくできれば，25メートル泳げる」という目標を与えます。生徒も次の目標がはっきりして，これから何を努力したらいいかわかるという状況です。

ヒ：この生徒，次回はきっと25メートル泳げるでしょうね。

ア：そう思います。もう1つあります。決して他の生徒との比較やクラス内の順位で生徒を評価しないことです。

ヒ：相対評価ではなく，絶対評価で，ということですね。

ア：はい。生徒はよく順位を気にしますが，生徒自身が自分で持つ目標としては悪くはないと思います。競争意識がうまく作用することもありますから。

ヒ：でも教師は違う。順位ではその生徒の伸びを見ることはできない，と言いたいのですね。

ア：そのとおりです。教師の仕事は，クラス全体のレベルアップの手助けをすることです。クラス全員が皆で伸びていくという理想的な状況では，1人1人の生徒のクラス内での順位は変わりません。A君が努力をして力を伸ばしても，次の順位にいたBさんの方がもう少し伸び幅が大きければ，A君の順位は下がります。だからと言ってA君に「順位が下がったからもっと努力するように」と言ってはA君の学習意欲は下がってしまいます。

ヒ：評価は生徒のやる気を出すこともあれば，やる気を無くさせることもあるということですね。

ア：授業での指導を反映させたテストを考えて実施し，評価をして生徒にフィードバックするというサイクル，大切にしたいですね。

第5部

自学自習

30. 宿題の出し方
教科書を活用し，具体的に

ア：太田先生，今回は「日々の授業にひと工夫」のトピックを考えてくるのが宿題でしたが，考えてきましたか。

ヒ：あっ，忘れてました。そうでしたね。「宿題」でしたね。最近忘れっぽくなって…あっ，今回は「宿題」をテーマにしませんか。

ア：太田先生，うまく切り抜けましたね。では「宿題の出し方にひと工夫」，これでいきましょう。

私たちの失敗例—単に出すだけだった宿題

ヒ：宿題と言えば，教員になりたての頃は，どのような宿題を出していいのかわからず，「今日の授業で習った教科書本文をノートに書いてくること」という宿題を出していたのを思い出します。

ア：太田先生，私はもっとひどかったです。教員1年目は高校3年生を中心に担当しましたが，「次の時間はLesson 4に入るから，予習してくるように」という宿題とは言えないような指示をしていました。先ほど太田先生からも出ましたが，教科書本文をノートに写してくる生徒，あるいは単語の意味を調べてきたり，本文の日本語訳を作ってきたりする生徒もいました。何もしてこない生徒もたくさんいましたが，これは私の責任です。生徒は教科書のLessonについて何をしてきたらいいのかわからなかったのでしょうね。

ヒ：私と同じようなことをしていたんですね。その後，阿野先生はどんな宿題を出したのですか。

ア：これではいけないと思って，生徒に予習で何をしてきてもらいたいかを考えました。また，宿題でやってきたことが授業に結びつかなければいけないと思い，生徒が記入しながら完成させるプリントを作って渡していました。調べてきてほしい単語をリストアップして日本語の意味を記入させたり，教科書本文で注意してもらいたい文をピックアップして和訳させたり，ターゲットの文を使った簡単な和文英訳の問題をつけたりというものです。

ヒ：「やってこいよ」より，ぐっとやることが絞られましたよね。

ア：ええ，でもこれにも決定的な落とし穴がありました。

ヒ：と言うと。

ア：生徒はこのプリントを埋めることが目的になり，授業では答え合わせと私の解説が中心になっていたのです。授業中に生徒に考えさせ，英語を頭に残すための活動を展開できていませんでした。

ヒ：そうですね。「頭に残す」，これがポイントですよね。

「教科書本文を写してくる」宿題にひと工夫

ア：それでは私たちの若気の至り（？）を反省したところで，宿題のパターンにひと工夫して，意味のあるものにしましょう。まずは今，話題に出た「教科書本文を写す」という宿題から。

ヒ：書く際に，read & write はどうでしょうか。ただ写すのではなく，写す文を音読して頭に一旦入れてから，本文を見ないでその文をノートに書くという作業です。

ア：それは頭に残す作業を伴うのでいいですね。書けなかったらどうするんですか。

ヒ：途中で書けなくなったら，また本文を見て音読して，そして目を離してまた続きから書けばいいのです。

ア：逆もできますね。つまり写し終わった後，その文を音読する。次にリード・アンド・ルックアップの要領で英文を見ないで言ってみる。書くことと音読を組み合わせるところがポイントですね。

ヒ：応用編として，本文を書き終わったら，本文から自分を表すのに役立つ文を1つ選び，オリジナルの文を書くという宿題も出せます。

ア：それはいいですね。習ったことは自分を表現するために使えると感じさせること，これもポイントですね。

「日本語訳」をする宿題にひと工夫

ヒ：では次に「日本語訳をする」というポピュラーな（？）宿題にひと工夫してみましょう。

ア：ここは私に一言言わせてください。教科書全体の日本語訳をノートに書き出すには，かなりの時間がかかりますよね。日本語訳を宿題にする場合には，まずは口頭で訳をしていき，すぐに訳せなかった部分だけをノートに書かせるようにすることもできます。問題なく意味がわかる文を，わざわざ整った日本語にしてノートに書く時間があるのならば，わかっている英文を頭に残すための音読にまわしたほうがいいでしょう。

ヒ：後は日本語訳を配ってしまうのもいいですよね。22章でも話しましたが，私は日本語訳を配り，ノートに貼らせ，「訳を見て，口頭作文やノートに英文を書く宿題」を出していました。

ア：日本語訳をした次の段階が大切なんですね。日本語を書いただけでは，「訳したけど何が書いてあるのかよくわからなかった」ということにもなりかねません。何よりも英語そのものが頭に残るように，やはりひと工夫が必要ですよね。

「教科書を音読してくる」宿題にひと工夫

ヒ：さて，よく出される宿題ベスト3の最後は音読です。「教科書を読んできなさい」という宿題はよく出されますよね。

ア：でもただ指示しただけで音読してくる生徒は少ないですね。私みたいな真面目な生徒は読んでくるでしょうが…。（笑）

ヒ：そう…ですか…。では多くの生徒が音読してくるようにするには

どうしたらいいでしょうか。

ア：まずは「5回読んできましょう」と言うだけでも違うでしょうね。あるいは「5分間読んでくるように」と時間指定もできますね。

ヒ：そうですね。後は授業とのリンクを考えることが大切ですね。音読してきたことを生かし，授業の最初にそのページに関してQ&Aをしたり，ディクテーションをしたりすることもできます。

ア：やってきたことを授業で生かす，この考えには大賛成です。私は高校の授業での毎時間の宿題は，「その時間に学習した英文を次の時間までにシャドーイングできるようになるまで音読してくる」というものでした。そして次の授業で必ず該当箇所のシャドーイングをクラス全員でやっていましたが，生徒たちは教科書の英文をよく自分のものにしてくれました。

先生の役割

ヒ：宿題の中味と同じくらい，いやもっと大切なのは，継続して宿題をさせる先生の役割ですよね。

ア：そうですね。先生がどう関わるかによって，生徒の宿題の質が決まりますね。私はまず宿題の目的を話すことが大切だと思います。

ヒ：なるほど。その宿題をやれば，どのような力がつくのかを説明するのですね。

ア：そうです。「やらされている」のではなく，「そうか，この宿題をするとこういう力がつくのか」と思って取り組むと違いますよね。

ヒ：阿野先生は他にどのようなことを話すのですか。

ア：はい，教員になって数年経ってからは，宿題は復習としての課題がほとんどでした。そこで生徒には「授業で理解したことを身につけるためのトレーニングが復習だよ」と言って，音読を中心にさせていました。このためには，授業でしっかりと読めるようにして帰宅させることが条件です。授業で読めないものが家に帰って読めるようにはなりませんから。繰り返し音読していると，あいまいだっ

たところがはっきりしてきたり，逆にわかっていなかったことに気づいたりすることもあります。そうしたら，次の時間にその部分を授業で解決すればいいんですよね。

ヒ：なるほど。「わからなかったから，授業で教わる，授業で解決する」ですね。

ア：先生の2つ目の役割は何ですか。

ヒ：私は宿題を継続してやってもらうために，良い例をクラスで共有することだと思います。

ア：そうですね。これは見せたい，共有したいと思う例って必ずありますよね。

ヒ：私は学校で学ぶ大きなメリットは，お互いに学び合うことにあると思っています。いろいろな生徒がいるからこそ，良い例があればそれをみんなで共有する，そしてそれに刺激を受け，さらに伸びる，この循環が大切だと思っています。

ア：卒業生の例を示すこともできますね。

ヒ：そうですね。長年教師をやっていると，良い例が集まりますから。年を取るのも悪くはないですね。

ア：いや，年を取るのはやっぱり…。それはさておき，もう1つあります。それは宿題を授業で少しだけ始めてみることです。「この続きは家で」という指示を出すんです。

ヒ：それはどうしてですか。

ア：授業で少しやっておくことで，やり方をきちんとわからせることができます。こうすると英語が苦手な生徒も取り組めますから。

高校入学前の宿題

ヒ：さて，今度はちょっと角度を変え，ある特定の時期の宿題について考えていきましょう。

ア：高校では新入生向けにいわゆるブリッジ教材と称して，中学で学習した文法をまとめた問題集を渡す例が見られます。

ヒ：そして新学期に課題テストをする，ということですね。
ア：そうです。しかし，実は多くの新入生は，高校受験でこうした文法はかなり勉強してきています。よくわかっている生徒にとっては受験勉強の繰り返しという感覚。そして中学でつまずいてしまった生徒にとっては，わからないことをもう一度強要されることになります。これでは「高校に入ったらがんばろう」という気持ちを打ち砕くことにもなりかねません。
ヒ：なぜ受験直後にまた同じことをさせるのか，それではもったいない，ということですね。
ア：その通りです。例えば簡単な英語で書かれたストーリーを読んで，内容を楽しむ読み方に慣れる。やさしい音声教材を与え，英語の音に少しでも慣れさせるなど，高校への学習に意欲を高めるような宿題を出したほうが，入学後に伸びる可能性は高いと思います。

夏休みの宿題

ヒ：高校入学前に希望が持てたところで，最後は夏休みなど長期休業中の宿題を考えていきましょう。
ア：夏休み前の宿題，中学ではどうですか。
ヒ：中1では「家族・友達の紹介」，中2では「夏休みの日記を書く」などがあります。
ア：ただ「書いてきなさい」ではうまくいきそうもありませんね。
ヒ：そうですね。大切なのは，「いきなりさせない」ということだと思います。そのために1学期の授業で同じ課題で書く活動をしておくこと，先輩の良い例や先生のモデルを見せること，そして教科書から使える表現や文を探させることなどをするといいと思います。
ア：夏休み前に，宿題の助走を始めるわけですね。
ヒ：そうです。高校ではどうですか。
ア：はい，夏休みには授業がないので，生徒が1人でも取り組めるもの，そして普段の授業ではできない部分を補うような宿題がいいで

すね。生徒が好きなサイドリーダーを選んで数冊読んで感想を書く，ラジオやテレビの英語講座を継続して視聴する，夏休みに特に思い出に残っていることをエッセイにまとめて新学期にクラスで読み合うなどいろいろとできます。しっかりと１学期の復習をさせたいならば，何と言っても，「教科書で１学期に学習した範囲を１日１回，通して音読する」など，定着のためには何よりの活動でしょう。

ヒ：宿題もいろいろひと工夫できますね。

コラム㉔　廊下作戦（生徒の学びの確認）

ア：太田先生は，よく「ろうか作戦」「ろうか作戦」って言いますよね。それって「老化を防止する作戦ですか」

ヒ：うっ，阿野先生，そう来ましたか。体力の衰えなど最近老化が進んでいる私ですが… でもこの言葉は私が若い頃から使っていました。私が言う「廊下作戦」とは，授業がわかりやすかったか，授業中の活動はどうだったか，などを生徒に尋ねることを意味しています。

　授業でなく，廊下だから本音が聞けることが多いのです。もちろん最初から生徒は本当に思ったことを話してくれるとは限りません。むしろ話さないかもしれません。そこで私は生徒たちが話してくれる感想に対し，「言ってくれてありがとう」と反応することにしました。例えば生徒が活動に関して否定的な感想を言った後，私が「そうか。じゃあ，今度は工夫して直してみるよ」など，その感想を言ってくれたことに感謝するコメントを返しました。このようなことが重なってだんだん生徒たちは授業の感想を言ってくれるようになりました。

　「今日の絵を使っての教科書の内容説明どうだった？」「長くてわからなかったです」「そうか，やはり長すぎたかな」

　廊下作戦で私は多くのことを中学生から学びました。現在ももちろん学生たちから学んでいます。

31. 辞書指導
どう引く？　引かない指導も

ヒ：阿野先生は高校で教えていた時に，生徒に辞書を使わせていましたか。

ア：もちろんです。英語学習に辞書はなくてはならないものですからね。太田先生は高校時代に辞書は使っていましたか。

ヒ：あっ，それは…痛いところをつかれました。買ったのですが…

ア：買っただけで使わなかったのですね。

ヒ：はい，辞書を引くのは面倒だったので…いい生徒ではなかったもので…でも…とてもきれいな状態は保っていましたよ。

ア：太田先生，今日は歯切れが悪いですね。この場合は「きれいな状態」はよくありませんね。やはり辞書は使い込んでいかないと。

ヒ：ハイ。阿野先生が高校生の時はどうでしたか。

ア：高校1・2年の時の英語の先生に徹底的に鍛えられましたね。授業中に何度も「さあ，この単語を辞書で調べてみよう」と言われ，みんなで一斉に辞書を引きました。

ヒ：みんなでページをめくっているんですね。

ア：いや，そうすると「何をペラペラめくってる！　開いたところがそのページ！」と怒鳴られました。辞書はそのくらい使い込まなければだめだというメッセージです。その先生には「辞書の背に手垢がつくのは当たり前。全部のページが黒くなるくらい引きまくれ」とも言われました。

ヒ：それでは使わないわけにはいきませんね。

ア：この先生に出会わなければ，私の高校時代の辞書はきれいなままだったかもしれません。家でも学校でもいつも辞書を使っていました。この影響で，自分が高校で教えていた時も，生徒と一緒に授業中に何度か引いて，生徒に単語の意味や使い方を確認させていました。

ヒ：ちゃんと辞書指導していたんですね。

ア：と言いたいところですが，実は違うんです。最初の学校では，全員に同じ辞書を購入させて，授業中に使ってはいましたが，ほとんどの生徒はロッカーに置いて帰り，授業中にだけ使っていたんです。卒業式の後，新品に近い辞書が何冊も教室に残っていてさみしくなりました。

ヒ：辞書は生徒が自分で使えてこそ，意味がありますからね。

ア：学校で買わせたのならば，責任を持って使えるように指導しなければならないし，もったいないですよね。

ヒ：そのとおりですね。今日は辞書の活用の仕方のひと工夫，つまり授業のこんな場面で使ってみましょう，ということを考えましょう。

授業で改めて辞書指導の時間を取る，取れる？

ア：ところで太田先生が中学校で教えていた時は，辞書指導にきちんと時間は取れましたか。

ヒ：はい，と言いたいところですが，残念ながらその時間が十分に取れなかったのが現状でした。

ア：ではどうしたのですか。

ヒ：辞書を使わせた方がいいと思う場面があれば，その場ですぐ使わせることにしました。

ア：例えば，どんな時ですか。

ヒ：多義語の単語の時などです。「この場合の意味は何かな？」という場面は，ちょっとした時間で有効に辞書指導ができると思います。また，生徒が表現したいけれど知らない語句がある時，その場で調

べさせることがありました。知りたい時に辞書でわかると、「そうか」と思わせることができるので、印象に残りやすいと思います。

ア：なるほど。つまりあらかじめ辞書指導の時間を取らずに、必要な場面が出てきたら、その場で短時間でも時間を作ったということですね。

ヒ：そうです。

ア：これこそ、ひと工夫ですね。

ヒ：ところで阿野先生はどうでしたか。

ア：私も高校では太田先生と同じです。教科書に出てきた多義語の意味をクラス全員が英和辞典で調べて、その文脈での意味を考えたりしました。ライティングの時には、和英辞典の例文を使って、英作文での単語の見つけ方の指導をしたりしました。

ヒ：中学で教えていた時も同じですか。

ア：中学では、スキットの作成などに使う関係で、1年生の6月に2週間ほどかけて集中的に辞書指導をしていました。辞書の引き方を覚えて慣れることが目的だったため、単語早引き競争などゲーム的なものが中心でしたが、授業中も宿題も、辞書に関するものを扱いました。

ヒ：かなり集中的にやったのですね。

ア：でもある保護者から、「毎日、英和辞典と和英辞典の2冊を持ち歩くのは、重くて子どもがかわいそう」と言われて反省しましたが、それ以来、子どもたちは辞書をよく引くようになったと思います。

まずは「辞書を引くな」から

ア：さて、それでは具体的に授業のどんな場面で辞書指導をしていたかを話しましょう。太田先生は、中学で教えていた時、生徒にどのような場面で辞書指導をしましたか。

ヒ：私は「辞書をあまり引かないように」と生徒に言っていました。

ア：えっ！　すみません、太田先生。今回は辞書の活用の話なのです

が…

ヒ：だから「あまり引かないように」です。やたらめったら辞書を引けばいいというものではないと思います。というのは，わからないことがあるとすぐ辞書を引くことによる弊害があるからです。

ア：弊害って，どんなことがあるのですか。

ヒ：まず，生徒が自分でも英語で何と言うかわからない語句を引いてそれをスピーチやスキットで使っても，聞き手の生徒にはわからないからです。

ア：それはそうですね。知らない単語を使って，スピーチの時に自分でも発音できない，などということもありえますからね。

ヒ：したがって，外来語になっていて，聞いてわかる語句は除いて，スピーチコンテストでは辞書を使って調べる語句を5つまでと制限しました。

ア：なるほど，こうすると聞き手にもわかりやすくなりますね。しかし，知りたい表現がわからないまま残る問題は解決しないですね。

ヒ：はい。それを解決するために，辞書を引かせる前にもう1つ考えさせることをします。それは知りたい語句を語順で考えさせることです。

ア：語順ですか。

ヒ：そうです。つまり生徒が知りたい語句を辞書で引くとかえってわからなくなる場合が多いからです。例えば「早退する」をどう言うのか知りたくて辞書を引いたとします。辞書には leave school early などと出ています。

ア：いいではないですか。

ヒ：よくないんです。というのは，これなら辞書を引かなくてもわかるからです。ここで語順の出番です。つまり「早退する」は何というのか知りたい生徒に，「早退って，だれがどうすること？」と尋ねるのです。生徒はすぐには答えられません。

ア：そこで語順で助けるのですね。

ヒ：そうです。「だれかが」「去る」「学校を」「早く」ということだね。この語順で文を作ると「早退する」が言えるよ，と教えます。
ア：わかりました。すぐ辞書を引くのでなく，まず語順，「だれが」「どうする」「何を」に当てはめるということですね。
ヒ：その上で「去る」って何というのかなと思い，辞書を引くのはいいと思います。
ア：なるほど，引くのを制限するというのは，まず考えさせるということですね。
ヒ：考えてから引く方が，意味がありますよね。ところで阿野先生は，辞書を引くことを制限したことはありましたか。
ア：実は私もあるのです。高校ではやはり大学入試を意識した指導をします。特に3年生になってからの大学入試対策では，辞書を引かないことが大切です
ヒ：つまり，入試では辞書を使えないから，ということですね。
ア：その通りです。そして，入試問題に知らない単語が1つもないなんていうことはほとんどありえないと思います。でも受験生は，知らない単語があると，それだけでパニックになってしまうこともあります。そこで，知らない単語を文脈から類推する力をつけるためにも辞書を引かないことが大切です。
ヒ：じっと我慢ですね。
ア：そう，我慢してどうしても我慢しきれなくなったらそのタイミングで辞書を調べるのです。自分で考えた意味が当たっていても違っていても，その単語は記憶に残りますからね。

辞書は教師にとっても友達

ヒ：さて，今までは生徒に辞書をどう活用させるかという話をしてきましたが，私たち教師にとって辞書はどのような存在でしょうか。つまり，どう活用できるでしょうか。
ア：辞書はもう，なくてはならない友達です。

ヒ：阿野先生，発言に力がこもりましたね。さてはNHKラジオ講座「基礎英語3」のテキストを書く時には辞書に埋もれていたりして。
ア：その通り。私の前にNHKラジオ講座「レベルアップ英文法」をやっていた太田先生ならよーくわかりますよね。
ヒ：それはわかります。私も辞書を床に並べて…
ア：ここからは私に言わせてください。例文1つ書く時でも，どんな単語を使った例文が生徒には理解しやすいか，どの単語といっしょに使うのが既習事項の復習にもなるかなどを考えるために，複数の辞書を机と床に並べています。英英3冊，英和4冊，和英3冊は常備していて，足りない時にはさらに数冊の辞書を引いています。いつも辞書からたくさんの情報をもらっています。

電子辞書の使い方にひと工夫
ヒ：辞書は生徒だけでなく，私たちにも欠かせないということがわかってきたところで，最後にこれははずせないという点に触れましょう。
ア：電子辞書ですね。
ヒ：そうです。電子辞書は生徒に持たせたくないという先生が多いですね。
ア：そうですね。その理由は，生徒は最初の画面に見える意味しか見ないからということです。
ヒ：だからやはり紙の辞書の方が，その他の情報や語句も見るからいい，ということですね。
ア：ところが電子辞書も使い方によってはいいのです。
ヒ：どうするのですか。
ア：私は高校3年生のライティングの授業では，全員に電子辞書を持ってくるように言っていました。まず使いたい英単語を探すために和英辞典を引きます。そしてお目当ての単語が見つかったら，ジャンプ機能を使って英英辞典に飛んで正確に意味をつかみます。さら

にそこからジャンプ機能で英和辞典に行って，訳語と例文を調べることで，本当にその単語が適しているかの最終確認をさせました。和英辞典だけを引いて終わらせる生徒が多い中，簡単に複数の辞書を行き来できる電子辞書はとても有効だと思います。

ヒ：私たちが例文を探す時にも重宝しますよね。

ア：はい。私もよく活用しています。最近の辞書は，1つの表現を複数の辞書で検索できるので，どの例文を提示しようかと考えている先生方にとっては，より適切な表現を見つけることができるのです。

ヒ：つまり，紙の辞書にも電子辞書にもそれぞれ長所があるので，その良いところと適切な使い方を生徒に具体的に示してあげればいいのですよね。

ア：だからこそ，宝の持ち腐れにしないための辞書指導が必要なのですね。

ヒ：そうですね。辞書は先生と生徒，両方にとってなくてはならないものですね。

コラム㉕　日本語を英語語順に──主語を意識させる

ヒ：「早退」のところでも話しましたが，生徒の言いたいことを英語の語順で考えさせることは大切です。生徒が日本語で考える際は主語を除くことが多くなります。そこでまず「だれがしたの？」と主語を意識させることにしています。「試合で負けた」と生徒が言いたい場合も「負けたのはだれ？」と主語を意識させるアドバイスをすると，「そうか」と生徒も納得します。

ア：「だれが（は）」「何が（は）」と主語を意識させることが生徒が言いたいことが言える第一歩になるということですね。

32. 多読指導
量に慣れる・「私も読めた！」と思える多読

ヒ：先日，私が教えている学生がうれしそうに研究室にやってきました。

ア：何があったのですか。

ヒ：その学生は「研究室から借りた多読の本を電車で読んでいたら，外国人の先生に話しかけられて，読んでいた本のことなどいろいろおしゃべりできました。その先生は，『このような本を読むのはとってもいいよ。がんばりなさい』と言ってくれました。とってもうれしかったです」と話してくれました。

ア：その学生にとって大きな出会いですね。今回のテーマは「出会い」ですね。

ヒ：阿野先生！　私の言いたいことは…

ア：わかっていますよ。多読指導について話をしたいのですね。

多読指導はなぜ必要か

ア：太田先生は多読指導をいつから始めたのですか。

ヒ：2校目の中学校で教えていた時からです。

ア：若き日の太田先生の時代ですね。

ヒ：当時私にいろいろ教えてくれた先生が，「太田さん，教科書だけでは量が足りないだろ。こんなサイドリーダーがあるんだよ。試しに生徒に与えてごらんよ」と何種類か見せてくれました。「面白いなあ」と思った私は早速買い，英語教室の本棚に置きました。生徒

たちには「読んでごらん」と勧めました。

ア：生徒たちの反応はどうでしたか。

ヒ：もちろん全員の生徒が読んだわけではありませんでした。でも当時は物珍しさもあって，多くの生徒たちが手にとってぺらぺらとページをめくっていました。そのうちに借りる生徒が出てきました。ある生徒（この生徒は英語が得意ではありませんでした）が「先生，これ借りていい？」と多読の本を持ってきました。2，3日後，本を返しに来た時に，「先生，私でも読めちゃった。この主人公，かっこいいよね」とうれしそうに感想を言いました。

ア：うれしい一言ですね。

ヒ：その時の生徒の表情はよく覚えています。本の内容はロックスターを目指す少女の話でしたが，その生徒は軽音楽部に所属していたので，まさにぴったりの内容だったのです。

ア：太田先生はまず英語に触れる環境作りをしたかったのですね。

ヒ：今から振り返るとそうですね。当時は面白そうだから，これで英語が好きになる生徒が増えればという軽い気持ちでしたが。ところで阿野先生はどのように多読指導を始めたのですか。

ア：よく生徒や学生から「何を読んだらいいですか？」という質問を受けますよね。英語の本を読もうと思っても，多くの生徒にとっては身の周りに英語の本がないのが現状です。そこで，太田先生と同じように，いつでも生徒が手に取れる場所に本を用意しました。

ヒ：どんな場所ですか。

ア：高校の教員をしていた時には，本棚，そして机と椅子を置いた外国語学習センターというスペースがあり，そこに graded readers を揃えておきました。大学でも外国語学習ラウンジという部屋を整備して，なるべく学生が興味を持ちそうな本を購入しています。休み時間や昼休みなどに学生たちが気軽に本を手に取り，面白そうなものがあれば読んでみる。この気軽さが必要だと思います。

ヒ：なるほど。まさに環境作りですね。2人とも同じようなことを考

えていたのですね。

ア：太田先生，多読を始めた理由はまだありそうですね。

ヒ：はい。それはある卒業生の一言なんです。「先生，高校に行ったら教科書の英文の量が急に増えて，読むのが大変だよ。どうして中学校の時にやっておいてくれなかったの」と中学に遊びに来た時にその卒業生が言ったのです。

ア：中高の差ですね。そこで多読なんですね。

ヒ：そうです。量の違いを埋めるために，「中学校段階でできることは何かな」と思った時に多読を思いつきました。

ア：これは高校の先生も同じ対応ができますよね。入学してきた生徒たちは英文の量に戸惑うので，まずは中学校レベルのやさしいものをたくさん読ませ，量に慣れさせることができますね。

ヒ：そうですね。中高両方の立場から「ひと工夫」できますね。

多読指導，何を・いつ・どのように行うか

ア：環境作りと量の差を埋めるために始めた多読指導，太田先生は中学校で，何を，いつ，どのように行ったのですか。

ヒ：まず中学校1年から2年2学期までは，各学期の期末テストが終わった後の1時間を利用しました。学校で使っている教科書以外の他社の教科書を使い多読させました。

ア：他社の教科書を使うのですね。それは英文のレベルと質の面でもいいですよね。

ヒ：はい。「今学期は Lesson 5 まで行ったね。今日は他の教科書を読もう。好きな教科書を読んでいいよ。読んだら，概要を日本語で簡単に書いて感想を添えよう」と指示しました。多読用のワークシートには，他の教科書で読める範囲が書かれています。生徒たちは自分で好きな教科書を選び，読み終わったら概要と感想を多読用ワークシートに書きます。

ア：生徒たちはどのような様子でしたか。

ヒ：他社の教科書を見る機会が普段はないので，興味津々という様子でした。「この教科書の登場人物はかっこいいなぁ」「（私が使っている教科書と）同じような場面の会話があるなぁ」など自分たちが使っている教科書と比べながら読んでいました。

ア：他社の教科書を使うというのはいいアイディアですね。ポイントはありますか。

ヒ：あります。生徒たちが習っていて読める範囲を示すことです。

ア：そうですね。こうすれば無理なく多く読めますよね。2年の2学期までということは次がありますね。

ヒ：あります。中学2年の3学期になったら，1時間授業を使い，「他社の教科書を読もう」という活動をもう一度行います。それまでは

55回生2年生多読プログラム

New Crown 以外の他の1, 2年生の教科書を読んでその内容をALTの先生に報告できるようにしておこう！

Date（　　　　　　　　）
Class（　　）Name（　　　　　　　　）

目標・2冊の教科書を読み終える。
　　・6冊全部の教科書を読み終える。
あなたの目標は→（　　　　　　　　　　　）

☆読み方
1. 5種類の教科書から好きな教科書を選ぶ。それぞれつながった話になっています。
2. 各 Lesson, Unit が読み終わったら，表にその Lesson, Unit の話の内容を簡単に書く。（できるだけ英語で書くとよい。ALTの先生に Report するときに役に立つ）
3. 1冊が終わったら，次の1冊を読んでみる。
4. Report Card は3月の考査講評時に提出する。

Report Card
全体としてどんなことが書いてあるか(Who（だれが）When（いつ）Where（どこで）What（何を）どうした）を内容に書きましょう。
（＊1マスで書けない場合は，2マス以上使って書こう。）

教科書名，Lesson,Unit 名	内　容

多読用ワークシート例

各学期1時間しか読めませんでしたから，生徒たちはまだ全部の教科書を読み終えていません。そこでこの時期に中学1，2年の教科書を読もうというキャンペーンをします。

ア：キャンペーンというと。

ヒ：授業中では読み終わらないので，後は家庭で読ませます。そこでキャンペーンと銘打ってやる気にさせ，「ある一定期間に読んでしまおう」と呼びかけます。

ア：一定期間と限定するところがポイントですね。

ヒ：そうです。教科書を1冊読み終えるといい達成感を持てます。そこが狙いです。

ア：なるほど。さて3年生になるとどうするのですか。

ヒ：ここで，外国の出版社が出している多読用リーダーの登場になります。「日本語が載っていない。全部英語だ」などと生徒は言いながら本を手に取っています。ここでは一番簡単なレベルのリーダーを紹介します。

ア：一番簡単なレベルという点がミソなのですね。

ヒ：そうです。「あっ，読めた！」「1冊読み終えちゃったよ」という達成感を与えることが何と言っても大きいと思います。新学期の一番やる気がある時に成功体験を与え，そしてまた期間限定のキャンペーンをして，たくさん読んでもらうという狙いです。私の場合，多読用に1時間授業時間を使い，きっかけを与え，読み方を教え，その気にさせたところで，家庭学習に持っていくという流れです。ところで阿野先生は高校でどのような多読指導を行いましたか。

ア：学校に本を揃えたまではいいのですが，どのように多くの生徒に勧めたらいいかいろいろと悩みました。まずは「リーディング・マラソン」と銘打って，生徒全員にハンドアウトを渡しました。

ヒ：どんなハンドアウトですか。

ア：陸上のトラックのような線と枠を書き，本を読んだらその語数分だけ枠に記録を書いていくものです。最初のうちは多くの生徒が読

んでいましたが，次第に一部の生徒だけしか読まなくなってしまいました。そこで考えたことは太田先生と一緒なんです。

ヒ：というと。

ア：授業中に読む時間を用意して，そこから自主的に読むようにしていくということです。SRA という教材は知っていますか。

ヒ：知っていますよ。ストーリーが書いてある 100 枚以上のカードが 1 つの箱に入っているリーディング用の教材ですよね。

ア：そうです。これを使って，授業中に 10 分間で好きなストーリーを読むという時間を作りました。これは速読の練習にもなります。

ヒ：なるほど，やはり何かしら授業中に行うということが 2 人の実践のポイントですね。

ア：太田先生はその他には多読をどう扱ったのですか。

ヒ：さらに中 3 の選択で「多読クラス」を開講しました。前後期両方とも選択した生徒は，参加しなかった生徒より，リーディング力がついたことが確認されました。

ア：まだ多読プログラム，ありそうですね。

ヒ：はい。ALT とのティーム・ティーチングの授業の時，生徒が小グループで ALT と話しているその裏番組で，生徒たちに多読をさせました。

ア：待ち時間の有効活用ですね。

ヒ：そうですね。クラス全員での活動ができない時にも個別で行える多読は有効です。阿野先生もまだ多読の実践がありそうですね。

ア：高校での多読は，夏休みのサイドリーダーで補う場合も多いのですが，問題はそのフォローとして行う課題テストにあることが多いのです。

ヒ：問題というと。

ア：多読が目的にもかかわらず，課題テストでは 1 冊の本のある部分を抜き出して和訳させたり，細かい文法について聞いたりする設問が見られます。

ヒ：これでは長いストーリーを「精読」しておかないと解けないですね。

ア：そうなんです。どんなテストをするかによって，生徒の勉強方法も変わってきます。

ヒ：阿野先生はどんな問題を出していたのですか。

ア：まず基本はテキスト持ち込みのテストです。そして「〜という出来事が起きましたが，その原因は何ページに書いてありますか」とか「主人公の○は〜な行動をしましたが，あなたはどう思いましたか」というような，話の流れをつかんでいなければ答えられない設問を作りました。

ヒ：いいですね。生徒たちは話を楽しみ，流れをつかもうと読みますよね。

多読を行う際のコツ・注意点

ア：さて多読についていろいろ話してきましたが，多読を行う際のコツをまとめてもらえますか。

ヒ：3つあります。1つは難しいものを読ませないことです。辞書を引いて読むのがリーディングと思っている生徒に「多読だよ。多く読むことがポイントだよ」と話します。2つ目は，「私も読める」という達成感を味わわせることです。この達成感が次の本へといざないます。最後は先生もできる範囲で多読をすることです。先生も多読をすると生徒と本について話ができます。「この本面白いよ」と生徒に勧めたり，「先生，これいいですよ」と生徒から勧められたりします。

ア：なるほど，先生が楽しそうに読んでいれば，生徒にもいい手本になりますね。太田先生，私にもいい本を推薦してください。

ヒ：そうですね，阿野先生なら恋愛ものかな。

33. ラジオ講座
全生徒に継続させる仕掛け

ア：今回は「NHK ラジオ英語講座を継続して生徒に聞かせるための工夫」について考えてみます。新年度最初の授業で，中学校では「基礎英語」，高校では「基礎英語」や「英会話」などのラジオ講座を紹介し，毎日聞くように勧める先生方がたくさんいらっしゃいます。しかし，なかなかうまくいかないのが実情のようです。

ヒ：そのとおりだと思います。私が担当してきた講座「レベルアップ英文法」も，1人でも多くの中学生や高校生に聞いてもらいたいと思っていましたが，実際には途中で断念し，聞き続ける生徒が多くはないのは残念でした。阿野先生も中高の教員をしていた時には，ラジオ講座を生徒に勧めていましたよね。

聞くことのメリットを示す

ア：はい。私自身が学生時代にラジオ講座で英語を勉強した経験から，高校教員時代に生徒に勧めていました。しかし，実際に聞き始める生徒は少数で，まして1年間継続する生徒は数えるほどしか…。理由は明らかです。私は漠然と「役に立つから」「力がつくから」と言うだけで，生徒たちは講座を聞くことの具体的な目的やメリットがわかってなかったんですよね。

　そこで次は，ラジオ講座の内容を定期テストに出題するという強硬手段に出たわけです（笑）。これで多くの生徒がテキストは購入しましたが，相変わらずラジオを聞いている生徒は少数。試験前に

テキストだけで範囲を勉強し，中にはヤマをかけていたり，配点が少ないということで最初からラジオ講座の部分は勉強しない生徒もいました。そんなこんなで，私自身が生徒に聞かせることをあきらめかけていた時期もありました。

ヒ：そうですね。ただ強制するだけでは限界がありますよね。確か阿野先生は中学校勤務に変わってから，本格的にラジオ講座を授業に取り入れていましたよね。

ア：はい。勤務校が中高一貫校になり，中学校勤務になったのをきっかけに，「基礎英語」を授業のカリキュラムの中心に位置づけて，生徒全員に聞かせるための作戦に取りかかりました。ラジオの聴取は家庭での学習になるため，保護者の協力が必要です。そこで，3月の新入生説明会で保護者と生徒に次のような話をしました。

① 公立中学なので英語の授業は週4時間。これでは絶対量が足りないことは明らか。ラジオ講座を1日15分聞くと，1週間でプラス約2授業時間分に相当するため，私立中学と同じくらいの英語学習の時間が確保できる。

② ほぼ毎日ネイティブ・スピーカーの英語を耳にすることができる。

③ 「基礎英語」を聞くことが英語の授業の予習になる。

このことはその後の授業でも何度も繰り返しましたが，もちろんこれだけでは全員の生徒に聞かせることはできません。大切なのはラジオ講座と毎日の授業とのつながりだと思いますね。

ヒ：なるほど。生徒に勧める先生はいても，授業できちんとフォローする先生は少ないですよね。では阿野先生は実際にどのように授業でラジオ講座を使っていたのですか。

ラジオ講座を聞かざるをえない授業づくり

ア：ラジオ講座を聞いている生徒が「聞いていてよかった」と思い，聞き逃した生徒が「聞いておけばよかった」と感じる場面を授業の

中に作ることが大切です。そのために，授業にラジオ講座の内容を使った活動を取り入れることで，生徒に聞くことの必然性を作る。もちろん，限られた授業の中で長い時間を割くことはできません。たとえ5分でも10分でも，何らかの関連した活動を取り入れればよいのです。私の授業も含めて，実際に実践されている例をいくつか紹介しましょう。

① ラジオ講座テキストを使った音読リレー
　授業のウォーミングアップとしての短時間の活動です。テキストをバトン代わりに生徒が次々に交代しながら本文を読んでいきます。時間になったら，次の生徒が続きの部分から読み始めます。タイマーで時間を計測し，1人15秒で交代すれば30人クラスなら8分程度で全員が音読発表を終えることができます。前月号のテキストを使うことで繰り返し復習することができ，ランダムに最初の生徒を決めれば，その後の生徒たちはどこが当たるかわからない緊張感とともに，自分の担当箇所を知ろうと，他の生徒の音読を注意して聞く習慣も身につきます。この活動を繰り返すことによって，ラジオ講座を聞いた後に，音読もやるようになってきます。

② 例文をラジオ講座から
　授業で用いる例文をラジオ講座から引用します。これならば授業中に特別に時間を作る必要はありません。例文を板書して「これはどんな場面で出てきましたか」と問いかけ，ラジオ講座の内容の確認もできます。場面とともに例文を提示できるという大きな効果があります。

③ ストーリー・リプロダクション（1）
　ALTとのティーム・ティーチングでの指導です。5名程度のグループを作り，それぞれのグループで協力してALTにラジオ講座のストーリーを伝えます。生徒たちはテキストにある会話文をモノローグに直し，代名詞や3単現のs，さらには時制にも注意してオー

ラル・レポートをするため，実践的な文法学習にもなります。ALTからも適宜質問をしてもらうことで，インタラクティブな活動を行うことができます。2週間に1度，場合によっては1か月に1度，ALTとのティーム・ティーチングの時間に行うだけでも，生徒はラジオ講座のストーリーを知っておかなければならないという気持ちを持つようになります。

④　ストーリー・リプロダクション（2）

　ペア・ワークの活動です。テキストに出てきた単語をカード，あるいはリストにして提示し，1人が与えられた単語だけを頼りに1週間のストーリーを思い出しながら説明します。もう1人がテキスト本文を見ながらヒントを出し，協力しながら活動に取り組みます。1週間に1回，5分程度でできる活動です。

⑤　創作スキットの作成

　グループによるスキット作成を授業で行おうと考えている場合にも，ラジオ講座は大変役に立つ教材になります。スキット作成をラジオ講座の総復習と位置づけ，今までに学習した会話から，自分たちのスキットに使えそうな表現をどんどん書き出します。その表現を組み合わせていくことで，スキットの大枠ができます。生徒にとっては，モデルとなるたくさんの会話例を学習しているのに加えて，全ての表現が場面の中で提示されているため，使い方を復習するよい機会になります。

　以上5つの指導例を示しましたが，どれも毎日の授業の一部に組み込むことが可能なものばかりです。目的に応じて複数の活動を組み合わせることで，生徒にとってラジオ講座は，教科書とともに英語学習の中心教材になっていきます。

ヒ：なるほど。いろいろやってきたのですね。これは参考になりますね。短時間で手軽にできることから始めるとよさそうですね。

ア：私もそう思います。無理をせずに毎日の授業に講座の一部を利用

するという感覚が必要ですよね。また，生徒自身が自己管理をするという意味から，生徒に記録用紙を配布して，聞くことを促すということもできます。太田先生も中学で教えていた時に，ラジオ講座の記録用紙を使っていたかと思いますが，どのような指導をしていたのですか。

ヒ：生徒たちに月末に配り，聞いた日に○をつけさせました。また「自分のことを言うのに役立つと思った表現を書く欄」，「聞いてみての感想欄」も載せました。記録用紙は翌月の最初の時間に集めます。私はそれを見て，簡単にコメントを書くなどして，返却しました。また廊下などで生徒に会った際に，「先月がんばって聞いていたね」「いい表現を書いていたね」など聞いたことを励ますと生徒との会話も弾みましたね。

ア：こうした指導も，生徒にとっては自分の学習記録として残るため有効ですね。太田先生の指導のように，生徒各自が役立った表現を書き残していくということは，その生徒だけの表現集も自然と完成していくわけですね。生徒にとっては，記録を超えた達成感のある学習の1つだと思います。私は，音読指導の一環として，ラジオ講座の聴取記録とともに，その日に聞いた講座の本文の音読回数を記録させていました。つまり，ラジオ講座の復習記録欄も加えていました。また，この用紙を返却する際に生徒個人にアドバイスをする機会を持つことができるのも大きなメリットですね。

ヒ：「本文の音読回数を記録させる」──これは具体的でいいですね。

授業との進度のズレをどうするか

ヒ：ラジオ講座を利用する際に，教科書との文法事項に関する進度のズレがあります。阿野先生はこのあたりをどうクリアーしていましたか。

ア：ラジオ講座では学ぶ言語材料が授業より先に出てくることがありますが，その場で完全に理解する必要はなく，後日，授業で学んだ

時に思い出して理解できればよいという気持ちを持たせるようにします。生徒が自分でわかることはしっかりと確認して練習もしますが，まずはストーリーを楽しみながら英語に慣れることが目的であることを生徒に説明しておくことが大切ですね。今までの講座の多くは，学校の授業に先行させることで予習的な要素を狙うことが多かったのですが，私が現在担当している「基礎英語3」では，できる限り中学の教科書と進度を合わせているため，授業とラジオ講座の相乗効果で理解を深めることができるのではないかと期待しています。

ヒ：それはいいですね。私は，生徒があまり完璧に考えないようにすることも大切だと思います。「全部理解できないからダメ」という考えより，「今日はこの表現が復習できたからOK」と思って聞いてほしいと思っています。あと，部活動や塾の関係で，毎日講座を聞くことができない生徒がいるのも悩ましいですよね。

ア：そのとおりです。でも授業の教材としてラジオ講座が使われていれば，こうした生徒たちもさまざまな工夫をして授業中の活動に備えていました。例えば，インターネットで講座を聞いたり，あるいはCD付きテキストを購入して学習する生徒もいます。いずれにしても，聞くことを強制するだけではなく，聞いたことによるメリットを実感させてあげることが大切です。私が担当していた中学生は，何とか全員が年間を通して聞き続けてくれました（と思います）が，「修学旅行中はどうするのですか」という質問も出たくらいに，生活の一部になっている生徒もいました。生徒にとってのラジオ講座継続の成功の秘訣も，教師のフォローにあるのではないでしょうか。

ヒ：そうですね。「聞いた→得をした→力がついた」という良い循環になるように教師がフォローしたいですね。今回は2人でいろいろな方法を紹介しました。みなさんの生徒たちに合ったやり方を見つけていただく際の参考になれば幸いです。私も今まで，今の学生たちに，ラジオ講座を使ってストーリー・リプロダクションを授業

でやっていたので、今度は阿野先生の実践例①ラジオ講座テキストを使った音読リレーもやってみようと思います。

コラム㉖　大学の英語の授業にひと工夫

ア：太田先生は大学の英語の授業はどうしていますか。そのひと工夫を聞きたいですね。例えば中高と違って大学は90分授業ですよね。長さが違うなど戸惑いが多かったのではないですか。

ヒ：そうですね。最初は90分、どうやって？と思いました。でも逆にゆったりやれる良さ、そして一斉の活動だけでなく、個別でじっくりできる活動を組み込めることがわかり、授業に幅が広がったことも確かです。

　授業は90分を1つの活動で行うのではなく、3、4の区切りで活動を行うようにしました。もちろんそれぞれの活動のつながりを考えます。

　授業のひと工夫としては、「伸びた」と思わせるようにすることです。そのために同じ活動をある程度の頻度で行いました。私がよく行うのは、日記などのライティングや音読です。年度当初の4月と比べさせ、「4月と比べてどう？　違ってきたかな？」と尋ねます。「自分が伸びた」という思いは学生の英語学習への動機を高めます。

　もう1つは授業の最後にその授業を振り返るコメントと、その授業で習ったことで自分自身について書かせることです。私はそのコメントや自己表現文を読み、返事を書きます。学生とのちょっとした交換日記ですね。これで学生はどのようなことに興味を持っているのかなどを知ることができ、私にとっては貴重な情報源になっています。

付録2：アノ先生・ヒロ先生が影響を受けた本

＜アノ先生＞
■英語学習全般■
東後勝明『英語ひとすじの道』（筑摩書房）
■英語の授業や指導法について方向性を与えてくれた（くれている）本■
天満美智子『子どもが英語につまずくとき―学校英語への提言』（研究社出版）
田辺洋二『学校英語』（筑摩書房）
東後勝明『英会話　最後の挑戦―コミュニカティブ・アプローチによる最新学習法』（講談社）
Doughty, C. & Williams, J. *Focus on Form in Classroom Second Language Acquisition*, Cambridge University Press
月刊誌『英語教育』大修館書店
■指導技術に関して参考にした（している）本■
松本　茂『英語ディベート実践マニュアル』（バベル・プレス）
松坂ヒロシ『英語音声学入門』（研究社出版）
土屋澄男『英語コミュニケーションの基礎を作る音読指導』（研究社）
Gimson, A. C. *An Introduction to the Pronunciation of English*, Arnold

＜ヒロ先生＞
■中学校教師時代、授業を作る際に何度も見た本■
原田昌明『英語の言語活動 What & How』（大修館書店）
Doff, A. *Teach English*, Cambridge University Press
■教え方・学び方を考えるときに何度も読んだ（読んでいる）本■
竹内　理『より良い外国語学習法を求めて―外国語学習成功者の研究』（松柏社）
村野井仁『第二言語習得研究から見た効果的な英語学習法・指導法』（大修館書店）
Lightbown, P. M. & Spada, N. *How Languages are Learned*, Oxford University Press

第6部

教師の資質向上

34. 教師用指導書の使い方
題材の背景知識・CD-ROM の活用

ア：太田先生，最近中学の先生も高校の先生もますます忙しくなってきていますね。
ヒ：そう思います。生活指導や進路指導，部活動の指導に加え，今まで以上に書類作成などに追われ，授業の準備時間が思うように取れず悩んでいる先生がたくさんいらっしゃいます。
ア：限られた時間をどうやりくりして授業準備をするかですね。
ヒ：つまり効率化できるところはしていかないといけませんね。
ア：そこで教師の強い味方になるのが，教科書会社が作っている教師用指導書，いわゆる Teacher's Manual です。今回は，この指導書をどう使えば授業に有効に生かせるかを考えていきましょう。

指導書の落とし穴

ヒ：私たちも中高で教員をしていた時から指導書にお世話になり，今は指導書を書く立場になりました。指導書と長い付き合いをしています。
ア：太田先生は新任の時から指導書を使っていましたか。
ヒ：いや，また恥をさらすのですが，最初，指導書は字がぎっしりで難しそうで，ちょっと読んでみても，面白さを感じず，使いませんでした。ほこりをかぶっていました。そのうち，勢いでやっていた授業もネタ切れになったのです。
ア：そこで指導書が助けてくれたのですか。

ヒ：そうですね。一度開いたら、そのページに「なるほど、これは使える」と思い、機会がある度に見ると「これもいいね」と思える指導案が載っていることに気づき、今度はいつの間にか指導書べったりになったのです。

ア：なるほど。指導書との付き合い方は、最初見ない、次にべったりですね。私はちょうど太田先生とは逆のパターンです。

ヒ：というと最初は指導書にべったりだったということですか。

ア：そうです。新任の頃は教える内容に自信がなかったこともあって、教材研究の時は必ずといっていいほど手元に指導書を置いて、教える内容を一つ一つ確認していました。

ヒ：高校の指導書は、本文の細かい点まで詳しく書かれていますよね。

ア：そう、それが危険なのです。

ヒ：危険というと。

ア：指導書は教科書の内容をできるだけ網羅するように書かれているのですが、それは「書かれていることを全部教える」ということではないのです。にもかかわらず、教師はその全てを生徒に伝えなければならないという錯覚を起こしてしまいがちなのです。

ヒ：これは朱書き本、Teacher's Book にも当てはまりますね。教科書にいろいろな情報が書き込まれていると、それを1つずつ教えていくことになる可能性があります。

ア：教師からの一方的な知識伝達の授業になる可能性が高いですね。

ヒ：その結果、情報が多すぎてしまい、生徒は授業で何が大切か見えなくなってしまいます。

ア：生徒だけではないのです。指導書はカラー印刷の教科書とは違って、すべて黒一色で書かれていますよね。

ヒ：つまり、ポイントが見えにくいということですね。記載事項に軽重をつけ、選択するのはわれわれ教師の役割です。

ア：生徒に教えるべき点と、あくまで参考として補足する、あるいは触れないでおく点をしっかり判断しないと、授業自体が指導書に支

配される形になってしまいます。

ヒ：指導書を開くタイミングにひと工夫ありそうですね。

ア：はい。指導書を開いて教材研究を始めるのではなく，自分なりの指導プランを作り，教室での授業展開を頭に置いて，指導書から必要と思われる部分を拾い出して補強することだと思います。

ヒ：それともう１つ言えるのは，指導書はある特定の生徒向けに書かれているのではなく，一般的な生徒を念頭に書かれているということです。

ア：そうですね。私たちが指導書を書く時も，自分の生徒ならもう理解しているので説明は要らないと思うところでも解説を書き，逆に自分の生徒にはもっと詳しく教えたい点であっても，スペースの関係で省略しているところも結構あります。

ヒ：だからこそ，自分の生徒の状況を見ながら，指導書の内容を取捨選択しなければならないし，補わなければならないことが多いのです。

背景知識で力を発揮

ヒ：ところで阿野先生が指導書べったりから離れたきっかけは何ですか。

ア：高校で教え始めて数年がたって，自分の授業パターンがある程度できてきた頃です。授業の流れがあって，そこに教材を入れていく形になったためだと思います。

ヒ：教科書や指導書に書かれている内容から授業作りをスタートするのではなく，自分の授業のスタイルがあり，そこに指導書に書かれていることを使うようになったということですね。

ア：そういうことだと思います。こうすると，指導書の役立つところだけを必要に応じて使うようになりますよね。

ヒ：これが本来の指導書の役割でしょう。阿野先生は，指導書のどんな部分を特に活用しましたか。

ア：何と言っても教科書題材についての背景知識です。高校の教科書は人物から環境，科学，芸術など，とても幅広く，そして深い話題を扱っています。

ヒ：これだけの題材について背景知識を集めるのは至難の業ですよね。

ア：今はインターネットで検索できるのでだいぶ助かりますが，指導書がなければ毎日図書館へ行って資料を探したり，学校帰りに書店に寄って本を購入し，出費がかさんだりと大騒ぎになります。大学の英語の授業で使っている教材にはこうした背景知識を詳しく提供してくれる指導書はついていないため，かなり苦労しています。

ヒ：こんな時に，必要な情報をわかりやすくまとめて提供してくれる指導書は重宝しますね。

ア：いかにも自分で知っていたか，あるいは調べてきたかのような顔をして，生徒の前で自信を持ってオーラル・イントロダクションをできますからね。

ヒ：題材についてのいろいろな情報は本当に重宝しましたね。私はまず読んで自分にとっての知識にします。次に「授業でどこか使えないかな」と思って読みました。

ア：教科書に書いていない部分の情報をオーラル・イントロダクションに使うのですね。

ヒ：オーラル・イントロダクションにも使いました。

ア：にも？　ファインディング・ニモ？

ヒ：阿野先生！　私の言うニモは，使えそうな部分を英語にしてALTにチェックを受け，リーディングの教材としても使ったことです。ALTとのティーム・ティーチングでは，その部分をALTに話してもらうこともしました。3択クイズ形式にもしました。

ア：これは指導書を生かす英語教育のニモですね。

気づかない点を補強

ヒ：私たちが見落としている指導すべき点を，指導書が教えてくれる

こともあります。

ア：あまり知識を持ち合わせていない題材では，教科書の執筆者がどのような狙いでその題材を扱っているのか，真意をわからないまま教えてしまう可能性があります。これでは生徒の心に訴えかける授業にはなりません。

ヒ：言語材料についても同じです。該当のレッスンでどこまで指導しておくべきかというポイントについても確認できますね。

ア：そして既習事項でも，こんな点に触れると生徒の役に立つと思う点に気づかせてくれることもあります。

ヒ：そうそう，語法の視点もあります。例えばcookとmakeの違いの説明なども，中学生にわかりやすいように，「火・熱を使って料理をするのはcookなので，I cooked this salad. とは言えない。そういう場合は，I made this salad. と言います」など例文つきでわかりやすく説明してある部分などは，口頭で説明したり，その部分を切り取りプリントに使ったりしました。

ア：生徒にここを説明した方がいい，という点が書かれているので，指導書は便利ですよね。

ヒ：私には単語の語源や文法や英語の歴史などが載っている記述も役立つ時が多かったです。

ア：もちろん，説明し過ぎない点に気をつけることを忘れてはいけないですね。

ヒ：そうですね。それに指導案例なども参考になりますよね。毎日の授業に何か変化をつけたいと思っている時など，指導書に例として書かれている指導案を見ることで，活動を取り入れるタイミングなどのヒントがもらえます。

ア：中には一つ一つの課で使える活動を集めた言語活動集を，指導書の分冊としてつけているものもあります。活動を通して新出文法事項を身につけさせたいけれど，どんな活動をさせたらいいかわからずに悩んでいる先生には大いに参考になります。

ヒ：そのままコピーして使えるハンドアウトなどもあり，必要に応じて使うこともできますね。

CD-ROM は徹底活用

ア：指導書にはさまざまなデータが収められている CD-ROM がついています。これを活用しない手はありません。

ヒ：阿野先生はどんなデータを使っていましたか。

ア：やはり，ハンドアウトを作る時に使う教科書本文のデータです。高校の教科書本文はかなり長いので，これを全部タイプするのは大変でかなりの時間がかかります。しかしデータを使うことで，この時間を使わなくてすむようになりました。

ヒ：これは大きいですね。

ア：本文のキーワードや冠詞などを空欄にした音読用のワークシートなどを作ることが多いのですが，これには本文全てが必要になることもあります。CD-ROM からデータを取り出すことで時間的に節約できるのはもちろんですが，タイプミスも避けられるので助かります。太田先生はもっと有効に活用していそうですが。

ヒ：私はテキストデータになっている本文を AntConc というコーパスソフトを利用して使っています。例えば，ワードリストを作ると，どの語がよく使われているかがすぐわかります。また There is ... の文などがどのように使われているのかもわかります。そうしてわかった There is ／ are ／ was ／ were .... の文をコピーして，穴あきプリントができます。これで練習問題がさっと作れ，There is ... の後にどのような語句が来るかなども教えられます。

ア：これは便利ですね。まだあるよ，という顔をしていますが。

ヒ：はい，後は教科書本文のテキストデータを1年分など，ある程度のまとまりにしてプリントを作り，復習の活動として使えます。例えば，速読，音読，穴あき，Q&A，教科書の登場人物についての情報を読み，メモをする活動などなどいろいろ使えます。

ア：指導書は使い方さえ間違えなければ，われわれ教師をしっかりサポートしてくれそうですね。これだけの情報の宝庫である指導書を使わないのは宝の持ち腐れ。必要な時に必要な情報だけをもらう，私たち教師にとって都合のいい友達になってもらいたいですね。

ヒ：あっ，指導書の締め切りを思い出しました！

コラム㉗　実践・研究発表の聞き方にひと工夫

ア：いろいろな研修会で，他校の先生方の実践発表や研究発表を聞くことがあると思います。自分にとって刺激になる発表内容を聞いた後で，「やっぱりあの学校はすごいな。うちの学校では無理だな」とか「やってみたいけど，授業の進度を考えるとまずできない」などと考えてしまうこともあるかもしれません。もちろん実践発表や研究発表はある一部の特定の生徒を対象にしたもので，そのままでは自分の教室での指導には当てはまらないのは当然です。しかし，このままで終わらせてしまってはもったいないと思います。発表で聞いた最終的な成果だけを同じように求めても成功はしませんが，そこに至るまでの指導過程からは，いろいろなヒントが見つかるはずです。何か課題を持って取り組まれている先生方は，現状ではうまく指導が機能しないために試行錯誤を繰り返し，やっと糸口を見つけたという場合が多いのです。自分の授業を振り返り，ほんの一部だけでも取り入れられる改善点があれば，それをきっかけに授業改善を図ることができます。進度が心配であれば，今まで行ってきたどの活動と入れ替えれば，同じ時間でより効果的な指導に変えることができるかを考えてみてはいかがでしょうか。

ヒ：まずは自分の生徒の現状を把握して，発表の中から1つでもいいからヒントを得られればいいというくらいの気持ちでいることが大切ですね。

35. 指導力アップのための研修
まずは自分の授業を録画することから

ア：太田先生，生徒のために指導力を上げようと，私たちの対談を読んでくださっている先生方がたくさんいらっしゃること，本当にうれしいですね。

ヒ：全くその通りです。そんな先生方のお役に立てる，こんな幸せなことはありません。

ア：そもそもこの対談が連載されていた『英語教育』（大修館）は私たち英語教師にとっては大切な情報源で，すばらしい実践を共有できる貴重な研修の機会です。

ヒ：定期的な，そして継続可能な研修と言えますね。忙しい毎日の中で指導力のアップを図るためにどう研修するか，これは大きなテーマです。

ア：テーマ？　その通り，いいテーマですね。では今回は，どんな機会を生かして研修を行うか，そのひと工夫について話しましょう。

自分の授業を受けてみる

ヒ：研修というと，出張で出かける都道府県単位の公的な研修から，休日などを利用して自主的に参加する研究会までさまざまですが，実は勤務校でもできることはたくさんあります。

ア：例えば自分の授業を受けてみることですね。

ヒ：はい，自分の分身に制服を着させて…

ア：太田先生，別に分身を作らなくても大丈夫ですよ。授業中にビデ

オカメラを回しておいて，空き時間などに生徒の気持ちになって自分の授業を見てみるということです。

ヒ：ああ，自分の授業を撮影することでしたか。それなら私もしていましたよ。『英語教育』から得た指導技術などが，うまく生徒に機能しているか，生徒の目線で客観的に判断できます。

ア：教室の後ろに固定した三脚を置き，ビデオカメラをつけて撮影するだけでも，生徒への視線の配り方や板書のわかりやすさ，また声がきちんと届いているかなどもよくわかります。

ヒ：同時に生徒の動きを観察することも忘れてはいけません。

ア：はい，ビデオカメラを教室の前に設置して，生徒の学習状況を撮影するのも勉強になります。

ヒ：生徒の活動状況から，自分の指導が機能しているかを観察するという手法ですね。

ア：生徒が活動に積極的に参加している場合はいいのですが，生徒が退屈そうにただ座っているだけの時は，その原因を突き止めなければなりません。

ヒ：いったいどんな指示を出していたか，教師は何をしていたかを思い出してみることですね。

ア：逆にうまくいっている時は，授業にどんな仕掛けをしたのかを振り返ってみると，自分の生徒に効果のある指導のポイントが見つかることがあります。

ヒ：私が自分で行っているお勧めの振り返りは，授業を終えた後，その日の指導案（略案）に○△×をつけることです。「これはうまく行ったな」と思ったら○，「まずまず」だったら△，「これはダメ」と思ったら×を指導案の各活動の横に書くだけです。

ア：それは簡単ですね。

ヒ：あっという間に終えることができます。○△×だけでも次に同じような内容の授業を考える際に見直すと役に立ちます。余裕がある時は，なぜかを考え，「例文がよかったから」など理由をメモして

おくといいと思います。
ア：私も大きく×をつけることがあります。今度は♡や☆も加えようかな。

課題が見えてきたら

ア：さて，自分の授業の課題が見えてきたら，次は解決策を探す番ですね。

ヒ：私の1つの例を話します。私は「教室の右側をよく見る傾向がある。そして右側にいる生徒から指名する傾向がある」ことがビデオでわかりました。

ア：それでどうしたのですか。

ヒ：解決策を探すため，まず同僚に聞きました。「太田さん，右側を見て，その後，逆側の生徒を指したらどう」とアドバイスをもらい，さっそくやってみました。同僚の先輩や後輩，他の人に聞くと自分で気づかなかったことを教えてもらえるので，本当に助かります。

ア：なるほど。同僚に聞くというのは基本ですね。職場には経験を積んだベテランの先生，そして大学でさまざまな指導法を学んできたアイディアいっぱいの若い先生などがいるので，うまく利用させてもらいたいですよね。

ヒ：そして，話を聞いただけで具体的にイメージできない時には，授業を見せてもらうようにお願いするといいと思います。

ア：授業全体の流れを知りたい場合には1時間全部を見せてもらうのもいいですが，課題がはっきりしている場合には，その先生に相談して，授業の一部分だけを見せてもらうだけでも効果があると思います。

ヒ：無理のない範囲で行えるという点でも，こうした考えは大切ですね。再び私の例ですが，質問の仕方に困っていた時，同僚の先生の授業を見ていたら，その先生が referential question（先生が答えを知らない質問）を display question（先生が答えを知っている質

問）の間にうまく入れているのに気づきました。「これだ！」と思いました。解決策はいたるところにあるんだなあ，と実感したことを覚えています。
ア：太田先生のように「こうすればいいのか」というきっかけをもらえる場合もありますし，別の意味で自分に考えさせてくれる授業もあります。
ヒ：というと。
ア：私は新任1年目に，「英語ⅡA」という科目を担当しました。
ヒ：後のオーラル・コミュニケーションに近い科目で，英会話を扱うものですね。
ア：はい，そうです。教科書は日常会話を中心にしてそこから活動に移っていくものでしたが，新任の私はどう教えていいかわからなかったため，同じ科目を担当しているベテランの先生に相談したところ，「では私の授業を見に来なさい」と言ってもらいました。
ヒ：どんな授業だったのですか。
ア：教科書の会話文を日本語に訳していく訳読式のスタイルでした。活動でも教科書の例を訳させて，すぐに別の1人の生徒に言わせて終わりというものでした。
ヒ：そこで若き阿野教諭はどうしたのですか。
ア：リスニングとスピーキングが中心になるべき科目だったので，「これではもったいない」と考え，その先生の指導法をもとにして，どう変えていったらいいかを考え，自分なりの形を作っていきました。
ヒ：なるほど。たとえどんな授業であっても，授業見学が授業改善のきっかけになるということですね。
ア：そうです。さて，なかなか同僚に聞けなかったり，聞いても解決しなかったりした時にはどうしたらいいでしょうか。
ヒ：本を買うことです。
ア：私も今までずいぶん本は買ってきましたが，実は少しだけ目を通しただけの本もたくさん本棚にあります。

ヒ：私もそうです。本は買って本棚に置いておくだけでも OK です。いい本だ，役に立つ，と思った本はまず買って，本棚に置くことがポイントです。

ア：出版社の人が涙なしでは聞けない部分ですね。それでどうするのですか。

ヒ：3年後に役に立つのです。

ア：3年後？

ヒ：3年後，というのは正確ではないのですが，言いたいことは，本棚に置いておくと，将来必要になった時に役立つということです。先日も大学の授業でライティングの活動を考えていた時，本棚を見ていて，以前に買ってあった本が役立ちました。

ア：そう，これは単行本に限らず，『英語教育』などの雑誌も本棚に置いておくといいですね。背表紙に書かれている特集名から，すぐに欲しい情報が載った号を探せます。

ヒ：個人の本棚に置いておくのはスペース的にも大変ですが，英語科の準備室など先生方で共有できるスペースで活用したいですね。

教育実習は絶好のチャンス

ア：先生方には毎年決まって訪れる研修のチャンスがあります。

ヒ：というと。

ア：教育実習生の指導です。実習生を担当するのは時間的にも体力的にも大変ですが，それ以上のフィードバックがあると思います。

ヒ：実習生が授業を見にくるわけですから，普段よりも授業の組み立てや進行に気を配りますし，実習生に自分の授業について説明しなければなりませんからね。

ア：そうです。実習生といっしょに指導案について考える際に，普段何気なく行っている活動なども，その目的や手順など改めて見直すきっかけにもなります。

ヒ：そして実習生の授業を見て指導する過程で，改善すべき点などに

ついて言及しますが，自分の授業に照らし合わせることで，発見することも多くあります。

ア：教壇を離れて客観的に人の授業を観察することで，自分も同じようなことをしてしまっていることに気づくこともあります。そして何より，実習生の授業中の指導から学ぶこともありますよね。これは，私たち英語教職課程を担当する大学の教員が，学生の模擬授業の中で，今まで考えつかなかった発想を見せられた時などと同じですね。

ヒ：例えば，自分の授業では音読で生徒の声が出ないと悩んでいるのに，実習生の授業では生徒が声を出して音読している時などですね。

ア：そうです。実習生のちょっとした指導の工夫で生徒が動くことなどありますからね。

ヒ：私は教育実習生から YouTube の使い方を学びましたよ。

ア：教育実習生の指導は，後輩を育てるという役割に加えて，自分の指導にも役立つので，ぜひ積極的に担当をしていただきたいものですよね。

研究会の活用

ヒ：今まで見てきたように，校内でも指導力アップを行える機会はたくさんあります。でも時には外部の研究会に参加することで，他の学校の先生方との情報交換や，同じ悩みを持つ先生方と話ができ，その解決策を得られることがあります。

ア：そして，高校の先生が中学の授業から生徒を動かす方法を知ったり，中学の先生が高校の授業から題材の扱い方を学んだりすることもできますね。

ヒ：いろいろな目的で行われている研究会がたくさんあるので，『英語教育』の「英語教育通信」などから情報を得て，自分に合いそうなものに顔を出してみることをお勧めします。

ア：どの研究会も，初めての人でも大歓迎です。授業を改善したいと

いう共通の目的を持っていますからね。

ヒ：授業を見るだけではなく，ワークショップ形式で授業での活動を体験してみたり，場合によっては自分の授業を発表したりすることも可能です。

ア：「授業の発表はうまくできるようになってから」という先生方もいらっしゃいますが，「良い授業ができるようになるために」という目的で発表することで得られることがたくさんあります。

ヒ：いろいろな先生の実践例を教えてもらったり，英語教育の専門家から，改善に向けてのアドバイスを受けたりすることもできます。

ア：研修の基本は，無理をしないでできることから，ですね。そして，とにかく行動を起こしてみることで一歩先に進めるのではないかと思います。

コラム㉘　理論を知っていると (1) アウトプット仮説

ア：英語を定着させるために，話す活動が不可欠と考えている先生は多いと思いますが，なぜこうした活動が必要なのかと問われると答えに困る先生もいらっしゃるのではないでしょうか。体験的に理解していることでも，理論的な裏付けがあれば，それだけ自信を持って指導に臨めるはずです。例えば Swain のアウトプット仮説を当てはめて考えてみましょう。発話をしてみると自分が言えることと言えないことに気づく (noticing) とあります。話してみなければ，何が言えないかに気づくこともなく，学習すべき項目も明確になりませんね。また，相手が理解したかどうかで，自分の発話が通じたかどうかの検証を行うこともでき，通じない場合には既習の知識を使って自ら修正をかけ，文法知識を活用する場を設定することにもなります。

ヒ：生徒に話させる活動の目的とその効果を知っていれば，授業のどの場面でどんな活動を行うかもより明確になってきますね。

36. 小中高の連携
学習者の立場で連携を考えてみる

ヒ：阿野先生，最近感じることがあるんですよ。
ア：えっ，年をですか。そういえば太田先生，最近腰が痛いなんて言っていますよね。
ヒ：そうなんです。腰痛が治らなくて…ではなくて，私が感じるのは，小中高それぞれの先生方は自分が教えている以外の校種については意外と知らない，ということです。
ア：わかります。私も中高と両方教えましたが，高から中に異動した時に特に感じました。
ヒ：知りたくても，自分の授業の準備をすることに精一杯で，とてもそんな時間はないよ，という先生方の声が聞こえてきそうですよね。
ア：最近，先生方はますます忙しいですからね。
ヒ：でも自分の授業をより良いものにするためには，実は自分が教えている校種以外の学校のことを知る，つまり連携を考えることが大切なんです。
ア：私もそう思います。連携を考えれば，授業を見直すことができるので，それが自分の授業に返ってきますからね。
ヒ：阿野先生も同じことを感じていますね。では今日は小中高の連携について考えていきましょう。

学習者の視点に立って，自分の授業を見直す

ア：小中高の連携を考える際にまず大切なことは何だと思いますか。

ヒ：「学習者の視点に立つ」ということだと思います。小中高の連携というと，先生からの発想が多い気がしますが，児童・生徒，つまり学習者の視点に立つことが一番大切だと思います。先生は小，中，高それぞれ替わりますが，学習者は1人です。
ア：1人の学習者が小中高と上がっていくわけですからね。
ヒ：そうです。だから私たち教師が学習者の立場に立つと，授業をどう思うか，これを考えることが連携への第一歩になると思います。
ア：学習者の立場に立って考え，自分の授業を見直す。そうですね。

何を習ってきたかを知る
ア：さて学習者の立場に立ちましょう。…あの，太田先生，何をしているのですか。
ヒ：はい，中学生の立場に立つために制服を着ようかなと思って…でも小さくて入らない。
ア：話を戻していいですか。
ヒ：はい，すみません。どうぞ。
ア：学習者の立場に立つ第一歩は，学習者が何を習ってきたかを知ることです。
ヒ：中学校の先生は小学校の英語活動でどのような授業が行われているのかを，『英語ノート』や自分の地域の教育委員会が出している英語活動集などを見ることから出発ですね。私が最近参観した小学校の英語活動では，私が中1を教えた時に行っていた活動がかなりありました。
ア：Simon says，TPRなどですね。若き日の太田先生はこうした活動をしていたのですね。
ヒ：そうです。Mr. Ota says … などとやっていましたよ。阿野先生，高校の先生は中学で何をしているかを知ることですよね。
ア：これには言いたいことがたくさんあります。何と言っても文法事項。中学で何を学習してきたかを知らないで高校の授業をしている

先生がいるのは残念なことです。例えば「関係代名詞は中学で習ったはずなのに、みんな whose は疑問詞だけだと思っている」などという会話を職員室で耳にします。また、高校の教科書では5文型から入るものも多いですが、中学で第何文型かを分類できるようになっているはずと考えている先生もいます。

ヒ：え、それでは生徒は大変なことになりますね。

ア：中学の学習指導要領や教科書を見ていない先生は、高校の教科書に出てきた文法事項を順番に扱うだけになり、既習か新出かの区別なしに教えてしまいます。

ヒ：高校に中学の教科書はないのですか。

ア：中高一貫校は別として、入試問題作成に関わる先生以外、あまり見ないのが現状だと思います。たまたま見た先生から「中学ではこのくらいしかやっていないのか。知らなかった！」という悲しい言葉も聞いたことがあります。ぜひ学校に揃え、中学の学習内容を十分に把握したいものです。

ヒ：改善をお願いしたいですね。

ア：また、中学の状況は知っているけれど、自分の教え方を変えたくない、高校には高校の教え方がある、という先生も一部にいらっしゃいます。

ヒ：変えたくない、は困りますね。確かに先生の立場に立つと自分が持っている教え方を変えたくないのはわかりますが、学習者の立場に立つと困りますよね。

どう教えるかを考える— how to teach

ア：どう教えるかの問題は、連携を考える際に意外と取り上げられない盲点ですよね。

ヒ：そう思います。例えば中学校の場合、小学校でほとんど英語だけで授業が進められ、英語を聞くことに慣れ、場面を大切にした活動を体験してきた生徒が、中学校に入ったら、先生は日本語中心にな

り，英語を聞く機会がない，場面がなく文法の導入・練習をする授業になると…

ア：生徒としては，あれっ，小学校で体験してきたことは何だったのだろう，と思ってしまいますね。

ヒ：そうなんです。どう教えるかを考える時，音なし，場面なしのドリルではなく，音や場面を大切にして導入練習をする授業にすれば，生徒は落差を感じないのでいいと思います。

ア：落差か…

ヒ：阿野先生，ため息をついていますね。中学校を引き継ぐ高校での how to teach 問題はどうですか。

ア：中学と高校の教科書には大きな差があるので仕方ないところもあるのですが，高校ではどうしても先生の説明が多くなりがちです。高校生になると「英語は座って聞いているだけ」と考える生徒が多くなるのは，中学から how to teach のバトンがうまく渡されていない証拠ですね。

ヒ：生徒の立場に立って考える，これが how to teach を変えていくと思います。

中高それぞれの役割を考える

ア：小中高の連携を考える際の最初のポイントは「学習者の視点に立つ」，そしてその視点から何を習ってきたか，どう教わってきたかを知り，生かすことでした。さて，2つ目のポイントは何ですか。

ヒ：それは英語教育の目標をもう一度再確認して，その中での自分の教えている校種の役割を考えることです。

ア：役割ですか。

ヒ：ええ，英語教育の目的はコミュニケーション能力の育成ですよね。そのゴールを共有しながら，小中高それぞれの段階での役割を考えることが大切だと思います。1本のラインが小中高大＋社会とつながっているとイメージしてください。

36．小中高の連携：学習者の立場で連携を考えてみる

ア：このラインは，左から右へ続いていく矢印ですね。学習者からは「積み上げていく」というこの視点が大切です。

ヒ：というと別の矢印もあるのですか。

ア：はい，右から左への矢印です。これは私が中高一貫校に勤務していた時に強く感じたことです。高校3年生でつけさせたい英語力を考える時には，それ以前に何をどのように学習したらいいかを考えることが大切です。その結果，トップダウン的に高3から中1に向かう矢印で学年の目標を設定しました。教師の視点の矢印です。

ヒ：この両方の矢印を考えることは大切ですね。さて中学校の役割を考えたいと思います。音と場面を大切にする小学校英語活動を受ける中学校は音を同じように大切にし続けて，文字に移行していきます。そして文法の出番です。小学校で触れ，中学校で聞いたことを文字で見て，そのしくみを知ること，つまり文法を知ることで，自分で文を作ることができるようにしたいものです。

ア：音から文字，そして文法ですね。

ヒ：もう1つあります。それは量への慣れです。たくさん聞く・話す，つまり音声に慣れるだけでなく，たくさん読む・書く，つまり文字にも慣れることです。

ア：これは高校への連携を考えてのことですね。

ヒ：そうです。32章でも話しましたが，卒業生が遊びに来た時に，「先生，高校に行ったら教科書の分量がいきなり増えて困ったよ。中学校の時にもう少し読む量を与えてくれたらよかったのに」と言われたのです。それで反省して多読など量に慣れさせる活動を行うようになりました。

ア：そうですね。長文に慣れておくことは大切ですよね。小を引き継ぎ，高へつなげる中学校はいろいろな役割があり大変ですね。

ヒ：だからこそ中学校の面白さがあると思います。高校の役割はどうですか，阿野先生。

ア：うーん，これが難しいのですよ。学校によって役割が異なります。

高校の役割は一概には言えないのです。
ヒ：どういうことですか。
ア：いわゆる進学校では，中学の学習内容を量的にも質的にも拡大させ，より豊かなコミュニケーションを行う力を養います。しかし，中学でつまずいた生徒が多い高校では，中学の学習事項をゆっくりと振り返りながら，英語の面白さを発見する手助けをするのが大切な役割になります。
ヒ：中学校も状況は変わってきますから，参考になりますね。

連携，どこから始める？―その第一歩
ア：さて連携をどこから始めたらいいかを具体的に考えましょう。
ヒ：先ほど第一歩として教科書・教材を見ることを話しましたね。体験する，習う文法事項，語彙，話題，活動を見ます。そして意図的に同じ活動から始めるのはどうでしょうか。
ア：意図的に，ですか。
ヒ：生徒が「あれっ，先生，やったよ」と言ってくれれば儲けものです。"That's right." と言い，そこからスムースに導入できます。または語彙を少し替えても同じことができます。これは中学校の例ですが，私の知っている高校の先生は，高1にはその地区の中学校3年の教科書の一部を読ませるところからスタートすると言っていました。
ア：いいスタートですよね。教科書の話題でつなぐ連携もいいですよ。高校の教科書と似た話題を中学で扱っている場合もあります。事前に中学の教科書を確認しておき，「中学で○の話を読んだことある人？」と問いかけると，「覚えている！」と笑顔になる生徒がいます。
ヒ：これで新しい話題が身近なものになりますね。
ア：中学の授業で『英語ノート』の話題を持ち出すこともできます。
ヒ：なるほど。話題もいい連携ですね。次は実際に見に行くこともいいですね。

ア：そう思います。研究会などに行くと自分の校種の授業を見ることが主な目的になりますが，他の校種の授業や発表を意識的に見ることでたくさんの発見があります。

ヒ：研究会の活用にひと工夫ですね。

ア：これは毎年大学1年生の英語科教育法でしていることですが，学生たちに中学と高校の英語の授業について振り返りをさせ，発表させています。私にとっても現場の様子を知る貴重な機会です。

ヒ：声を聞く，大切ですね。また生徒の現状を測ることも第一歩ですね。そのために中1の最初では，生徒とインタラクションを取り，どのくらい理解できているか，答えてくるかなどで測ることができるでしょう。

ア：高校でも同じことをして新入生の現状を知ることができます。自己紹介や日記を書かせるのもいいですね。

ヒ：阿野先生と私の連携もしましょう。では阿野先生の現状を知るために，ぜひ交換日記を。

ア：えっ，あの…

コラム㉙　理論を知っていると (2) インタラクション仮説

ア：太田先生もアウトプット仮説を知って授業で行っていることに裏打ちをされたと言っていましたね。

ヒ：そうです。インタラクション仮説を知った時も同じことを感じました。私はインタラクションを大切にした授業を心がけています。インタラクションはいつもスムースに行くとは限りません。この仮説を知る前は，スムースに行かないインタラクションはいけないと思っていました。

　実際は，生徒が言いたいことがあるのにうまく言えずに困ることはよくあります。そんな時に教師から「こんなことが言いたいのかい」など助けることが言語習得を促進するとする，この仮説は私にスムースに行かないインタラクションにも意味があることを教えてくれました。

37. 本書を指導に活かすために
1度目は失敗する，3度は繰り返す

ア：太田先生，先日ある大学の学食でおかずの量り売りを食べましたね。おいしかったですね。

ヒ：2人で同じおかずを選んだり，違うものを選んだりしていましたね。

ア：そうでしたね。最近私は栄養が偏っていて，サラダと繊維物が必要なので，そのおかずを。

ヒ：私はメタボ対策に…阿野先生はスリムだからいいですね。

ア：人によって必要なものが違いますが，健康のため，という共通の目的に向かってバランスを取ることを第一に，今自分にとって必要なもの，強化したいものを選ぶということですよね。

ヒ：おっ，阿野先生，学食の話題から英語教育に話を持ってきましたね。

ア：ばれましたか。そうなんです。目的を見据えて，現状を考えて選ぶ。これが大切です。そこで最終章の今回は，2人でここまでの内容を振り返りながら，読者の方々が，何をどう選ぶか，選んだものをどう生かすかを考えていきましょう。

ヒ：いいですね。今までの対談の内容を振り返って活かすためのひと工夫ですね。

ざっとタイトル・中見出しを見て選ぶ！

ア：振り返るための第一歩は，まずざっとタイトルを見て選ぶことで

すね。

ヒ：そうですね。まずはざっと読み，どんなことが書いてあるか見ていると，その時に自分が必要とするものを見つけやすいですよね。

ア：最初から丁寧に読んでいくより，全体像をつかむ方がより自分に役に立つものが見つけられますよね。

ヒ：私がよくやってしまう失敗です。最初にあるおいしそうなおかずを取ってしまい，後で「こちらにすればよかった」というのと同じです。

欲張らない—「年間を通して」という発想

ア：次は「いい！なるほど！やってみよう！」という箇所にアンダーラインですね。

ヒ：私もいつもアンダーラインします。ただ，「これもいい」「これも使えるなあ」と思い，気がつくとアンダーラインだらけで何が大切なのかがわからなくなってしまいます。

ア：それは学食でトレイにおかずを乗せすぎている太田先生を見れば容易に想像がつきますね。

ヒ：そうなんですよ。こぼれないように選ぶ。欲張らない。わかっているのですが，つい…バイキングだと詰め込みすぎちゃうんですよ。

ア：それはよくわかります。私もよく「もう一品追加しちゃおうかな」と思いますから。

ヒ：授業でも，「これもやりたい，あれもやりたい」では，結局何をやっているのかわからなくなりますよね。あ〜，若き日の反省がまた。

ア：そんな時は「年間を通して」という発想を持つといいですよね。今はこの目的のためにこれを選ぶ，そしてこの活動はあと半年後ぐらいに，というのでいいと思います。

ヒ：そうですよね。阿野先生が第1章で話していた「読む力の項目のCan-doリスト」がまさにそれですよね。阿野先生はこう言っていました。高校1年では，まず中学との英文の量の差を乗り越える

ためのトレーニング，話の流れをつかむための読みが中心です。そして高2でスキミングや要約の活動を増やし，高3で様々な英文を読みこなし，スキャニングの訓練によって入試問題にも対応できる力をつける。3年間和訳だけをしているということはまずないと。
ア：そうですね。これは3年間という発想です。長期的に考えて何を選ぶかを考えるといいですよね。

1度目は失敗する・3度はくり返す

ヒ：何をどう選ぶかは，わかりました。さて次は選んだものをどう生かすかですね。私はいつも自分に言い聞かせていることがあります。
ア：何を，ですか。
ヒ：1度目は失敗する。3度は繰り返す，ということです。
ア：1度目は失敗する，ですか。
ヒ：はい。雑誌や本で紹介されているアイディアを読んで，これはいい，と思って次の日に教室で行ってみても失敗することが多いです。
ア：それはそうですよね。生徒にとっては突然の新しいことで，しかも行う先生も慣れていませんから，ある意味では失敗して当然かもしれませんね。
ヒ：そうなんです。先生によっては「やはりこれは私の教室では無理かな」と，そこで止めてしまうことがあります。それではもったいないなぁと思います。
ア：そこで3度は繰り返す，ですね。
ヒ：そうです。1度目の失敗から学び，自分の工夫を加えたり，生徒に合わせて少し活動を変えたりしてみることです。
ア：まさにひと工夫ですね。
ヒ：3度は繰り返してみるとお互いに慣れてきますから。

私たちの振り返り―太田の例

ア：さてそれでは，私たちがこの対談で振り返ったことを話し合いま

しょう。まずは太田先生，どうですか。
ヒ：私は阿野先生の「教科書本文を使ったグループ活動」から多くを学びました。
ア：12章の「統合的活動のすすめ」ですね。
ヒ：そうです。前の時間に扱った教科書の範囲を復習する時に，私は教師主導で行っていましたが，阿野先生は，生徒を3人程度のグループにして，教科書を閉じた状態で，前回の授業で読んだ内容を協力しながら英語で振り返るという，ちょっとしたスピーキングの活動ができることを紹介していました。
ア：キーワードを並べてストーリーを再構成するだけでも十分で，これを2，3分行ったところで教科書を開かせ，グループごとに本文を確認することで，内容理解に加え新出単語の再確認なども生徒自身でできます。
ヒ：私は「キーワードを並べるだけでもOK」という箇所が好きです。これなら取っかかりとして敷居が低いですよね。また生徒が協力して活動するからいいですよね。阿野先生は教科書本文の内容理解後も，ペアかグループで活動させていますよね。
ア：はい，リーディングで内容を理解した後こそ勝負ですから。音読を経て，ペアかグループで題材についての意見交換です。
ヒ：その後に意見をまとめることで，リーディング→スピーキング→ライティングと技能を統合していくのですよね。グループを生かす阿野先生の実践から大いに学びました。

私たちの振り返り—阿野の例

ヒ：では阿野先生の振り返りはどうですか。
ア：何と言っても，太田先生のあらゆる場面でのしつこさです。同じ教材でも視点を変えて使いまわすという姿勢からいろいろ学びました。例えば文法指導。
ヒ：15章ですね。

ア：はい。私たち教員は教科書を順番に進めていきがちですが、立ち止まる、いや戻る大切さを改めて考えました。Grammar Hunt は誰でも取り組める活動です。

ヒ：教科書を2度目、3度目の出会いの場にする、という発想です。

ア：2年生の1学期、Lesson 3 で There is 構文に初めて出会ったら、3学期になった時点で Lesson 4〜10 の本文から There is の文を見つけてアンダーラインを引く、と太田先生は説明してくれましたね。

ヒ：その後、ペアで確認、そしてクラスで確認して先生が説明という手順です。

ア：文脈と密接に関係づけて文法を再確認できる非常に有効な方法です。文法をしっかり復習させたいと思っている先生にはとっても参考になる活動です。

ヒ：明日の授業から取り入れられると思います。

受験対策はデザート

ア：太田先生、そろそろデザートの時間ですね。

ヒ：阿野先生、まだ話は終わってないですよ。

ア：きちんと終わらせるためにデザートを食べるということです。受験対策がデザートです。

ヒ：英語の授業のデザートですね。7章からの話題ですね。あの時の話のポイントは、まずは英語の力をつけること。その後、問題集などで試験の形式に慣れることで点数に結びつくということでした。

ア：つまり毎日の学習は健康を考えての食事です。そして受験対策がデザートというわけです。食事を取らずに毎日デザートばかりを食べていたらどうなるでしょう。

ヒ：その時にはおいしいと感じても栄養にはならず、最後には病気になってしまうでしょうね。

ア：受験対策が必要だということで、問題集や過去問ばかりを使って

37. 本書を指導に活かすために：1度目は失敗する、3度は繰り返す

いたのでは，土台となる英語力はつきません。形式だけに慣れても，理解し表現する力がないと正解に結びつかないことを，しっかりと生徒にも伝えることが大切です。

ヒ：まずは食事，最後にデザートが受験指導の鉄則ですね。

最後にメッセージ—いつまでも「ひと工夫する教師」でいるために

ヒ：さて今回で私たちの対談は終わりです。

ア：37章もの長い対談を読んでいただき，本当にありがとうございました。最後に「日々の授業にひと工夫する教師でいるために」ということで，私たちからメッセージを送りましょう。太田先生からどうぞ。

ヒ：1つは，たくさん話す，たくさん読むことかと思います。この対談を通して，2人で話すことの良さを本当に感じました。コラボだから考えが広がり，阿野先生の話を聞いていると，「それならこれもできる」「こんなこともやっていた」と触発され，意見が出てきました。

ア：それは私も同じです。毎回，太田先生とは本当によく話をしました。話しているうちにいろいろなアイディアがわいてきましたよね。

ヒ：時にはわけのわからないオヤジギャグも出ましたが…新しい自分を作るためにも，やはり人と交わるのはいいですよね。さて阿野先生からのメッセージもどうぞ。

ア：授業改善はまず足元の一歩からということを忘れないでいただきたいということです。

ヒ：時間をかけた大きな改革の前に，目の前の改革ですね。

ア：「来年から」ではなく，今，目の前にいる生徒のためにできることをすることが一番大切ですね。同じ料理でも，ちょっとしたスパイスを加えることで，ぐっとおいしくなることがあります。ちょっとしたひと工夫をすることで，生徒が笑顔になったり，黙っていた生徒が英語を口にしたり。こんな一歩から授業を変えていけたら，

教師としてこれほどうれしいことはないですよね。
ヒ：そうですね。やはり柔軟な気持ちと姿勢が大切ですね。「柔軟さ」，これもいつまでもひと工夫する教師でいるためのポイントですね。
ア：さて対談も終わったし，また学食に食べに行きませんか。
ヒ：行きましょう。今度は何を食べようかな…
ア：太田先生，今度は取りすぎないようにね。そう，みなさんもご一緒にいかがですか。

コラム㉚　卒業生の話から気づく

ア：生徒を前に授業をしていると，毎日の指導に追われてなかなか見えていないこともたくさんありますが，卒業生と話をすると，はっとさせられることがありますね。特に大学生になった教え子が高校時代のことを話す時は本当に参考になります。

ヒ：例えばどんなことがありましたか。

ア：提出物をチェックした時に書いた一言がきっかけで英語に興味を持ってくれたなどということです。こちらは覚えていなくても，生徒にとってはいいきっかけになったと思いますが，ひょっとすると教師の何気ない一言によって生徒がやる気をなくしてしまうこともあるかもしれません。また，県のスピーチコンテストに出場するほど英語が得意だった卒業生が「主語を説明する時に使っていたＳって，ずっと「しゅご」だからＳかと思っていました。subjectのＳだったんですね」と言っていました。びっくりしましたが，思わぬ発見でした。

ヒ：私たち卒業生や生徒たちから，いろいろと学んで成長していきますね。

索引

ALT　40, 42, 66, 93, 129, 168-174, 177, 178, 185, 193, 199, 203, 205, 208, 231, 235, 236, 245
ALT新聞　40
BBS　81, 88
CALL　80, 81, 175-181, 206
Can-do リスト　6-8, 264
common mistake　130, 131
display question　251
elicit　67
fact-finding question　29
good example　130
Grammar Hunt　106, 107, 267
ICレコーダー　185
inferential question　72, 73, 83
MP3プレーヤー　184
personal question　29
Q&A　63, 84, 164, 215, 247
read & write　34, 213
referential question　251
SNS　88
speech bubble　186
TPR　257
Twitter　88
vocabulary work　29
wpm　31

あ

アウトプット　63, 64, 83, 170
アウトプット仮説　255
アチーブメント・テスト　195
イベント　39-45
インタビューテスト　203, 205-208
インタラクション　10, 27, 65, 67, 149, 150, 165, 170, 171, 177, 262
インタラクション仮説　262
イントネーション　93, 99, 101
インプット　63, 64, 170

英語学習歴　19
英語合宿　41, 42
英語で授業　148
英語の歌　116, 174, 181
英語ノート　257, 261
オーバーラッピング　34, 59, 100, 101
オーラル・イントロダクション　70, 86, 87, 155, 245
帯活動　26, 30, 52, 91
音楽　138
音楽CD　184
音読　30, 31, 59-62, 74, 87, 93, 96-102, 166, 179, 180, 182, 206, 214, 237, 239, 247
音読テスト　100
音読リレー　30, 207, 235
音変化　59, 60, 93, 94

か

海外研修　42
外国語活動／英語活動　19, 90, 176, 152, 257, 260
学習意欲　181, 210
学習記録　237
学習指導要領　147
学習成果　22
学力差　135
課題テスト　231
活動の目的　194
家庭　31
家庭学習　23, 37, 76, 142, 144, 146, 158, 230
環境作り　227, 228
机間指導　98, 126-132, 136
机間巡視　35
気づき／気づくこと　114, 255
キッチンタイマー　137, 182
教育実習　253

教科書　20, 34, 36-38, 42, 50-52, 62-66, 69, 70, 73, 77, 84-86, 105-107, 115, 118, 123, 151, 154, 166, 170, 171, 173, 179, 180, 192-194, 198, 199, 217, 228, 258-61
教科書(教材)研究　160, 167, 243
教師の役割　12, 65
教師用指導書　157, 242-248
共有フォルダ　177
クラスルーム・イングリッシュ　151
グループ・ディスカッション　152, 174
グループ(・ワーク)　78, 80, 85, 87, 122, 133-139, 174, 182
研修　248, 249-255
語彙　64
口頭作文　162
個別指導　205
コミュニケーション　69, 70, 150-153, 172, 173, 201
コミュニケーション活動　27, 29, 108

さ
サイコロ　183
採点基準　81
サイドリーダー　218, 226, 231
雑談　27, 201
サマリー　78, 79, 171
ジェスチャー　56, 150
辞書　219-225
実技テスト　202-210
実物提示　23, 120
指導案　10, 11-17, 32, 162, 250
指名　132
シャドーイング　28, 34, 100, 101, 215
授業記録　35
授業見学　252
授業の最後の5分　32-38
授業の最初の5分　25-31
授業のまとめ　33
授業の目的　12
宿題　212-218
受験(指導／対策)　46-52, 117, 198, 267
小テスト　188-194
少人数指導　161-167
ショー・アンド・テル　7, 166, 176
新学期の1時間目　18
新出単語　71, 189
新出文法事項　34, 52, 103, 104, 142, 144
スキット　35, 42, 43, 221, 222, 236
スキミング　9, 265
スキャニング　9, 178, 265
スクリプト　58, 59
ストーリー・リプロダクション　235, 236
ストップウォッチ　182
ストリーミング　178
スピーキング　61-67, 83, 87, 145, 165, 185, 203
スピーチ　30, 35, 65, 66, 117-123, 166, 167, 178, 203, 206, 207, 222
スピーチコンテスト　39-45, 118, 222
スモール・トーク　26-28, 56, 165
スローラーナー　33
生徒の現状　6, 19, 23
接続詞　77
先輩(のスピーチ／の良い例)　22, 23, 44, 120, 217
速読　30, 52, 182, 231, 247
即興スピーチ　66
卒業生(の例)　216, 228, 260, 269

た
ターゲット・センテンスの導入　150
題材　20, 64, 69, 85, 118, 151, 167, 170, 199, 245, 246
代名詞　77
多読　226-232, 260
単語テスト　188-190
チャット　80
チャンツ　185
長文対策　48
通訳ゲーム　159
ティーチャー・トーク　56

ティーム・ティーチング 93, 168-174, 231, 235, 236, 245
定期テスト 195-201
ディクテーション 28, 60, 84, 94, 178, 179, 193, 215
ディスコース 77
ディベート 40, 43-45, 144, 206
テスト結果報告書 200
動機づけ 31, 90, 95, 129
統合的(な)活動 40, 82-88, 266
到達目標 6, 7, 19, 198
トランプ 182
ドリル 106, 110-116, 134, 160, 165

な
日記 118
日本語訳 22, 68, 155, 156, 214
入試 50-52, 72, 76, 134, 155, 223
入門期 90, 152, 190
ぬいぐるみ 185
年間計画 4-10
ノート 142, 194

は
背景知識 245
配点 196, 197
歯型(の模型) 91, 186
バズ・リーディング 98
パソコン 175-181
発音記号 92
発音指導／練習 89-95, 185
発話量 24
場面 104, 115
パラグラフ・ライティング 75, 78, 177
パワーポイント 176
板書 140-146
ハンドアウト 13, 64, 140-146
ピクチャー・カード 29, 34, 38, 71, 84, 88, 142, 154, 171, 173
ビデオ 249
評価 122, 193, 207-210
評価基準 204, 207, 119

ビンゴ 183
フィードバック 33, 80, 95, 100, 121, 129, 170, 171, 177, 207, 210, 253
フォニックス 92
フォローアップ・クエスチョン 127, 207
復習 26, 28, 84, 85, 193, 236
振り返り／振り返る 16, 32, 35, 80, 196, 205, 250
振り返りシート 208
雰囲気作り 174, 184
文構造 109, 156
文法事項 108, 116, 160
文法指導／学習 103-109, 236
文法の小テスト 190-192
文法問題(演習) 49, 50, 61
文法訳読 148, 163
ペア・シャドーイング 31, 38, 102
ペア・リーディング 99
ペア(・ワーク) 14, 55, 80, 83, 86, 87, 95, 98, 127, 133-139, 144, 150, 162, 174, 182, 184-186
平均点 200
ポータブルスピーカー 184
ホームステイ 41
保護者 43
ポスト・リーディング 73, 165, 166
ほめる 128

ま
学び合い／学び合う 74, 122, 130, 133, 216
未習語 71
メトロノーム 185
模擬授業 254
目標 210, 260
モニター 127, 128, 132, 143, 161-165, 180

ら
ライティング 52, 75-81, 83, 87, 145, 166, 176-178, 196, 199, 221, 224, 239

ラジオ講座　23, 30, 37, 43, 178, 218, 233-239
ラスト・センテンス・ディクテーション　28
リーディング　68-74, 86, 87, 165, 178, 199
リード・アンド・ルック・アップ　98, 159, 213
リスニング　54-60, 83, 86, 87, 94, 164, 184, 196, 198-200
リズム　60, 93, 99, 101
リテリング　142
レシテーション　30, 142
レポーティング　137
連携　256-262
廊下作戦　218

わ

ワークシート　228, 229, 247
若き日(の過ち／懺悔／反省／失敗談)，若い頃　11, 47, 51, 63, 104, 114, 140, 148, 196, 212, 264
和文英作　78
和文英訳　75
和訳プリント　157, 158

[著者紹介]

阿野　幸一（あの　こういち）
文教大学国際学部国際理解学科准教授。英語教育ゼミナールや英語教職課程の授業を担当。埼玉県立高校・中学校の教員を経て大学へ。高校教員時代の前半は硬式テニス部の指導に没頭し，自らもトーナメントに出場するテニス三昧の生活を送る。その後一大決心をして，本格的に英語教育研究の道へ。現在は大好きなテニスをする時間はないが，学生との英語教育談義が安らぎの時間。2008年度からNHKラジオ講座「基礎英語3」講師。

太田　洋（おおた　ひろし）
駒沢女子大学人文学部国際文化学科准教授。英語科教育法などの教職課程と英語の授業を担当。東京都公立中学校，東京学芸大学附属世田谷中学校の教員を経て大学へ。中学教員時代の最初はハンドボール部の指導に没頭していたが，赴任した校長先生の指導で英語教育の道へ。現在は大学で学生と話したり，研修会等で先生方と話したり，その土地のおいしいものを食べるのが安らぎの時間。2006, 2007年度NHKラジオ講座「レベルアップ英文法」講師。

日々の英語授業にひと工夫
© Kouichi Ano & Hiroshi Ota, 2011　　　　NDC375／viii, 273p／21cm

初版第1刷──2011年11月15日

著者──────阿野幸一／太田　洋
発行者─────鈴木一行
発行所─────株式会社　大修館書店
　　　　　　〒113-8541　東京都文京区湯島2-1-1
　　　　　　電話03-3868-2651（販売部）03-3868-2294（編集部）
　　　　　　振替00190-7-40504
　　　　　　［出版情報］http://www.taishukan.co.jp

装丁者─────新田由起子（ムーブ）
イラスト────谷口友隆
印刷所─────広研印刷
製本所─────ブロケード

ISBN978-4-469-24565-3　Printed in Japan
Ⓡ本書のコピー，スキャン，デジタル化等の無断複製は著作権法上での例外を除き禁じられています。本書を代行業者等の第三者に依頼してスキャンやデジタル化することは，たとえ個人や家庭内での利用であっても著作権法上認められておりません。